GOROGORO KITCHEN
心満たされるパリの暮らし

著　井筒麻三子 Mamiko Izutsu

写真　Yas

講談社

はじめに

　はじめまして。井筒麻三子と申します。

　なんとなく、本当に大した決意もなくパリに移住してから、9年が経ちました。この間、それまでの常識とは全く違う"フランス暮らし"の洗礼を受けつつ、気がつけば家族が増え（夫＋猫2匹）、日本にいたときとは生活もガラリと変わりました。特に転機となったのは、コロナ禍でライターとしての仕事がガクンと減ってしまい、「何か新しいことをしなくては」と、夫のYas（愛称ツーさん）に助けてもらいつつ始めたYouTubeチャンネル。私の夢である、"ゴロゴロ漫画を読みながら趣味の料理をする暮らし"を表現できたらと、チャンネルは"GOROGORO KITCHEN"と名付けました。

　自分なりの料理レシピをご紹介する動画からスタートしましたが、視聴者さんからの要望もあり徐々に内容が変化していき、今では我が家の日々の様子を映した暮らしのvlogが中心に。最初の頃は「5万人フォロワーさんが夢だなあ」なんて言っていたのが、気がつけば登録者数35万人以上、世界154ヵ国もの国の方々に観ていただけるようになりました（2023年3月現在）。

フランスに住む日本人夫婦の平凡な日常——。どう聞いても大してエキサイティングじゃないのに、地球の裏側の方々までがなぜ興味を持ってくれたのだろう？　最初は不思議に思っていましたが、それはやはり、私たちが住む場所が「パリ」だから。この街に吸引力があるのは、誰もが認めるところですよね。それなのに私、実はパリに大した興味もありませんでした。本当は違う街に住みたかったけれど、そこが難しかったからパリにしたという、全フランス人はもちろんフランス好きな各国の人からも、どやされそうな理由でパリにたどり着いただけだったのです。

　私は子供の頃から海外志向が強い人間でした。小学生時代から洋楽を自発的に聴いており、高校も大学も英語学科、英語圏で生活することを夢見ていました。実際、高校と大学院で２度の米国留学経験があります。しかしながら、高校留学は楽しかったものの、ホストファミリーという味方もいなくなった大学院在学中は、不動産屋に騙されたり、実は私の荷物を隣人が受け取っていたにもかかわらず「知らない」と言われ、気づいたら引っ越し＝トンズラされていたり、電話会社から法外な請求が届いて毎月電話会社とやり合ったりとイヤなことだらけ。すっかり萎縮し、「私に海外生活は向いてない」と自分の中で結論づけたのです。

　日本に帰ってみると、街中ピカピカでごみ一つ落ちておらず、白

いごはんは涙が出そうなほど美味しいし、お菓子は脳天に響くほど甘くなく、言葉を発しなくても通じるぐらいに人々は以心伝心であり、誰も隙あらば私を騙そうとはしてこない。憧れの出版社に就職し、ファッション雑誌の編集者として仕事を始めたこともあり、「日本ってなんて素晴らしいんだ」としか思っていませんでした。

そんな"日本大好き人間"だった私がなぜまた海外に出たのかといえば、単なる出来心です。32歳で出版社を退職し、フリーランスのライターとして仕事を再スタートしてからはほぼ5年間休みなく働いていたため、充実していたけれど忙しすぎ、常に疲れていました。でもフリーランスなので、依頼が来た仕事は断りにくい。そこで思いついたのが、海外に行ってしまえば休める！　ということ。休むためだから、面倒でなくて楽な場所がいい。ならば言葉のわかる英語圏に行こう、と行き先をロンドンにしたものの、日本に帰ってくる気満々で、まったく移住のつもりはありませんでした。

ところがロンドンに住み始めると、中年になって貫禄がついたからなのか、過去の苦い経験のような辛いことはありません。それどころか、すべてが新しく、楽しいことだらけ。こんなに居心地がいいならもっと住みたい！　と思うようになり、何とか移住する方法を模索しましたが、イギリスはビザの取得がとても難しいのです。学生なら滞在できても、フリーランスで働けるビザの取得はほぼ不可能。私のヨーロッパ生活もここまでか……とあきらめかけた頃、"フ

ランスはビザ取得が楽らしい”という耳寄り（？）な情報が。
「ロンドンがダメなら、じゃあパリにするか～」。話をした周囲の
人や友人たちにも「ええ!?」と驚かれるほどの適当さで移住を決め
ました。

　たどり着き方がちゃらんぽらんすぎたので、パリには何の思い入
れもなし。「フランスの人って意地悪なイメージしかないんだけど、
生活していけるのかな」と思っていたくらい。ところが住み始めて
みると、この街は結構面白い、ということがジワジワとわかってき
たのです。それまで持っていた「おしゃれで素敵な街とスノッブな
パリジャン」というイメージとはまた違う、時に（いやかなり？）
面倒臭いけれど、人間らしくて愛おしい人々。都会なのに自然と
共存する生活、美味しいもの好きな私にとってドストライクな食文
化……。気がつけばすっかりその魅力にハマってしまいました。

　世の中にパリの本はたくさんありますが、かつての私のように「パ
リにそんなに興味ないけれど～」なんて思っている人でも、ちょっ
とそのよさに気がついてもらえたら。そんな気持ちで、この本を書
きまとめたつもりです。もちろん、パリがもともと大好き！　とい
う方には「やっぱりいいわ～」と思い、愛を再確認してもらえるよ
うに。そして読んでいただいた方々にとって、シンプルでも楽しい
暮らしのためのヒントとして何か役立つようでしたら、これほど嬉
しいことはありません。

Sommaire

Chapter 1

自然と自分に忠実な生き方に、気づけば魅了されていた

心満たされるフランスの暮らし

Chapter 2

フランス人はおしゃれでスノッブで、気位が高い……は違う!?
実は愛すべきフランス人

Chapter 3

小さいながらも心地よくしてます

パリの我が家へようこそ！

Chapter 4

コメがなくては生きていけない私だけれど

やっぱりフランスは美味しい

あとがきにかえて

Chapter 1

自然と自分に忠実な生き方に、
気づけば魅了されていた

心満たされる
フランスの暮らし

浪費家だった私を変えた、
フランス人のお金をかけない "豊かな" 暮らし

　恥ずかしながら、日本に住んでいた頃の私はかなりの浪費家でした。大学院を出た後、入社した会社は女性誌がメインの出版社。ファッション雑誌、それもちょいと大人なハイクラス雑誌編集部に配属となった私は、とにかくおしゃれを頑張らなくてはいけないのだ！　と思い込み、収入のほぼすべてを被服に費やすようになったのです。一度は自分でも疑問を感じ、編集部の先輩に「私、家賃と同じくらい洋服にお金を使ってるんですけど」と言ってみたのですが、先輩の返答は「そんなの当たり前よ」。そうか、皆そうなんだなー。いたいけな私は、そこですっかり自分のお金遣いが当たり前だと思い込んだのです……。

　もちろん服を買うのは楽しく、女性ばかりの編集部員は皆ざとくて、何か新しいものをまとって会社に行くと、誰かが何かコメントしてくれます。嬉しくなってまた買う。そんな厄介な無限ループのおかげで、タンスの肥やしはどんどん増えました。会社を辞めてフリーの美容ライターになってからも、一度身についた浪費癖はそう簡単に改善するわけもなく。

　気がつけば、引っ越しを手伝ってくれた友人が「なんでこんなスカートいっぱいあるの。腰はひとつしかないんだよ！」と叫んだとか、靴がありすぎて池尻のイメルダ夫人と言われたとか、引っ越し業者さんに「お一人住まいでこんなに荷物がある方は初めてですね」と言わしめたとか、当時の生活カオスぶりを表す事例は枚挙にいとまがありません。とにかく服を中心に、全方位でお金を湯水のように使っていました。

　でもその頃は毎日家計簿もつけており、「これ以上どこも減らすものがない」と本気で思っていたのです。ブランド服はファッション雑誌で働く者として不可欠、ネイル費用は美容ライターとして当然だし、頻繁にある会食の代金は必要交際費なのだ……そう自分に暗示をかけていました。

年２回のセール期間中は、どこの店先にも"Soldes"（セール）の文字が。

　今振り返ると「いやいや、おかしいって気づこうよ」と思う頓珍漢ぶりなのですが、それを是正するきっかけとなったのが、フランスで心機一転始めた倹約生活なのです。

　例えば、この国ではエルメスのバッグを持って歩いている人なんてあまり見かけません。フランスが誇る高級ブランドなのに、と思いますが、そういうバッグを持つ人は車移動が基本の様子。一度、地下鉄の席の向かいに座った親子が二人でケリーを持っているのを見て、この人たちは大丈夫だろうか？　スリに遭わないのかしら？　とこちらが心配になったほどです。パリコレの時期こそ着飾った人々を見ますが、大体はファッション業界の人と外国人がメイン。一般的な生活

をしている人は、ブランド製品をそれほど買わないのです。

　服やバッグだけでなく、パソコンや携帯なども、日本だと新製品が出るたびに話題となりますよね。日本に住んでいた頃は私も、iPhoneの最新機種が出ると買い替えるようにしていましたが、こちらだと画面がバリバリに割れていたり、「それは一体いつのもの？」というぐらい古くても、皆平気で使っていたりします。きちんと機能するなら、見かけが古かろうと気にならないようです。

　レストランも高いので、友達同士だとカフェでアペロ（ワインとおつまみ）を楽しむことはあっても食事はあまり頻繁にはしません。ごはんを食べるとなると、自宅に招いたり、持ち寄りピクニックをしたり。ピクニックだって、その辺のピザ屋さんで買ってきたピザとスーパーで買ったワインなど、気負いのない内容のことがほとんどです。

　この国の人たちのそんな気取らなさを目の当たりにするたびに、目から鱗がポロポロ落ちまくりました。いいんだそれで、と。そもそもブランドの服とバッグで着飾って、私は誰に何をアピールしたかったのでしょう。自分が心地よく、身の丈に合った生活ができるならば、どんな格好でもどんなものを持ってもよい。そんな単純なことを、他国で40歳過ぎてやっと学んだのでした。

上｜簡単な料理や買ってきた
ものを持ち寄り、近所の公
園や森でのんびりする気軽
なピクニックは夏の定番行事。
右｜ワールドカップの際は、
フランス国旗のペインティン
グをして、ピクニックがてら
応援しました。

ハッと目を引く小物使いと、裾からのぞく赤のパンツが素敵。

パリのマダムたちが教えてくれた
「色や柄はもっと遊んでいい」

　最近でこそ、YouTubeをたくさんの方に観ていただくようになったおかげか「お
しゃれですね」「センスがいい」なんてお世辞を言っていただけるようになった
のですが、断言できます。私には持って生まれた"センス"なんてものはありま
せん！

　まず思い返してみても、子供の頃から「おしゃれだねえ」なんて言われた記憶
は特にありません。中学生、高校生時代は制服だったので、私服でおしゃれを
しようということも大してなく、ほぼ制服ばかり着ていた気がします。

　大学生になった当初は、全身黒の服をよく着ていました。なぜかというと、仲
よくなった子がYohji Yamamoto好きで、彼女が黒い服ばかり着ていたため、すっ
かり感化されたのです。

　ところがサークルに入って違う友人ができると、その子を見習って突然派手な
ピンクのジャケットを着てみたり……。こうして振り返ってみても、いかに私が
"おしゃれ"というものにおいて主体性がなかったかがわかります。

　その傾向は大人になっても変わらず。前項にも書きましたが、就職してファッ
ション雑誌の編集者となってからは、「おしゃれしなくては！」と一念発起しま
した。しかし、そもそも自分なりのおしゃれ観がないので、とにかく流行を追い
かけるばかり。白が流行ると言われれば白い服を買っていたし、入社当初はパン
ツスタイル＝格好いいという感じだったので、今は絶望的に似合わないとわかっ
ているパンツもよくはいていました……。

　他にも、「着回し」ができるかどうかもよく考えました。着回しって、何通り
にもコーディネイトできないといけないから、どうしても無難なデザインと色の
ものになりがち。でも、どの雑誌でも「△日コーディネイト」が人気でしたし、
毎日違う格好をするのがおしゃれなのだ、と思っていました。

ところがパリに来てみると……マダムたちの格好においては、流行や着回し、なんなら年相応かどうかなんてこともまるで関係ない様子。一度見たら忘れられないほど派手な柄のコートを着ているマダムに遭遇したり、どう見ても60〜70代のマダムがショッキングピンクのスーツを着ていたり。膝上15cmくらいのミニスカートをはいたマダムが自転車で爆走しているのを見たときは、思わず振り返っちゃったほどです。

　でも、ショッキングピンクのスーツはマダムの美しいプラチナヘアを引き立てていたし、ミニスカートのマダムは、シュッと引き締まった綺麗な脚が素敵でした。すごい柄のコートを着たマダムの写真はYouTubeのサムネイルに使ったところ、世界中の人から「なんて素敵なマダムとコート！」というコメントが殺到。フランス人は、自分を魅力的に見せるテイストや、色、柄をわかっている人が多いから、流行や人の目に惑わされないのだな、と納得したのです。

　そういった様子を見るにつけ、私も以前は持ったことのなかった柄のバッグや、着回しには難易度の高い大胆な色の服を手に取るようになりました。「ものは試しだ」とまとってみると、意外としっくりまとまったりする。そして色柄は目を引きやすいからか「素敵！」なんて言われることが格段に増えたのです。

　色も柄も、自分がいいと思ったものを好きにまとうようになったら、あれほど苦労して手に入れようとしてた"おしゃれ感"が、ちょっと生まれてきたようだなんて、不思議なものですね。

　華やかな色や柄は確かに着回しにくいかもしれないですが、そもそもなぜ着回す必要があるのかしら。毎日ちょっとずつ違う無難な服を着ている人より、いつも同じ服でも華やかでおしゃれなスタイルの人に、私はなりたい。もちろんベーシックカラーが好きな人が無理する必要はないけれど、カラフル好きなのにいろいろ考えて躊躇しているようなら、恐れずに色や柄をもっと自由に楽しんでいいと思うのです。

左上｜レンガ色のパンツとブラウンベージュのジャケットを組み合わせた、おしゃれなムッシュー。**右上**｜旅先での私。
ヴァカンス中は特に、明るい色柄の服を着たくなります。**下**｜インパクトあるコートが格好いいマダムの後ろ姿。

服より宝石より心満たされるもの。
花が暮らしの中にあるパリ

「フランスで暮らすようになって、何が一番変わった？」。そんな質問をされたら、結婚して二人暮らしになった、猫を飼い始めてさらに家族が増えたなどいろいろ挙げられますが、フランス文化による影響という点では、"花をいつも飾るようになったこと"かなと思います。

　フランスでは花のある生活がしっかり根付いており、生花店があちこちにあります。渡仏して最初に住んでいた15区の家近くでは、半径100mぐらいに５軒も生花店があったほど。さらに、パリのあちこちで開かれるマルシェにも１軒はお花屋さんがあるので、お花の需要がいかに多いかがわかります。

　今では生活にお花が欠かせないと思うようになった私ですが、日本に住んでいた頃は、花というか自然全般に興味がありませんでした。対して私の母は、学生時代からワンダーフォーゲル部に所属＆園芸科卒業、つい最近までせっせと各地の山を登り続けていた筋金入りの自然好き。私が社会人になって独立した際に母から言われた言葉も「家にお花は絶やさないように」でした。

　しかし、前の項にも書きましたが、当時の私は洋服やアクセサリーなど着飾るモノを買うことで頭がいっぱい。それ以外に割く金銭的余裕もなく、「お花なんてすぐダメになるのに、買ってられないわ」と、母の教えを無視していました。当時は忙しすぎて、ほとんど家には寝に帰るだけだったのも必要性を感じない理由の一つだったかもしれません。

　そんな調子だったので、パリに来てからもすぐには「花を買おう！」とはなりませんでしたが、変化のきっかけとなったのは友人へのプレゼント。仕事で定期的にパリに来ていた友人が、渡仏のたびに食材などをせっせと持ってきてくれたのですが、悩んだのは御礼です。１週間ほどの短期かつ仕事での滞在だと、食べ物をプレゼントするのはかえって負担になるかもしれない。何かよいものはない

古い引き出しやテーブルを使ったディスプレイが素敵なお花屋さん。

かと考え、邪魔にならず、かつ自分で買わなそうなのはお花だろうとたどり着いたのです。

　当時はまだ語学学校の学生（40代でしたが）。いいお花屋さんでブーケをつくってもらうのはそれなりに出費だったものの、「狭いホテル生活でも、お花があると癒やされる」と手放しで喜んでもらえて、私自身も幸せを感じました。そうしてお花を買うことに慣れると、いつしか「自分の家にも欲しいな」と思うようになったのです。

　フランスのいいところは、先にも書いた通り、とにかくお花の需要が高いため供給も多く、手頃な値段で入手しやすいこと。マルシェで野菜や生鮮食品と共に買うお花は、ブーケになっていても10ユーロぐらいからあり、遅い時間に行くと投げ売り状態で5ユーロまで値下げされていることも。これなら貧乏学生でも

買えるわと、一番安いお花を入手しては飾るのが段々当たり前になりました。

　さらにこの国のお花事情において素敵だなと思うのは、男性が花を買うことをまったく躊躇しない点です。街中でも、「プレゼントかな？」と思う可愛いブーケを持って歩いている男性をよく見かけますし、バレンタインデーなどのイベント日に至っては、お花屋さんに男性の行列ができるほど。

　でも安心してください。フランス人男性が皆、最初からスマートにお花を選べるというわけではないようです。例えば友人の旦那さんは、バレンタインデーにお花を買ってきてくれるものの、結婚当初はベタな赤いバラばかりだったそう。そこで彼女は「まあ、なんてきれいなんでしょう、ありがとう！　嬉しい！　でも私は白いバラが好きだから次は白がいいなあ」と、ほめ殺しつつ自分の好みを伝え続けたところ、今では毎年素敵な白いバラを買ってきてくれるようになったとか。

　我が家の日本男子も、最初の頃は私がお花を買うと言うと、「長持ちしないのに……」と、やや不満気でした。しかし、気にせず買い続けたところ段々と「きれいな花があると癒やされるねえ」なんて言いだすように。さらに私の好みはヴィンテージ色の花だと伝え続けていたのですが、彼が近所のお花屋さんで私の誕生日プレゼントの花を購入するたびにそれを強調したらしく、今では「あら、マダム・ヴィンテージの旦那さん」と認識してもらえるまでに。おかげで、毎回素敵な曖昧色のブーケを作ってもらえるようになったのです。

「俺、お花選びがわかるようになってきた」と、本人も自信がついてきた様子で、これをまさに、win-winシチュエーションというのではないでしょうか（笑）。自分で選ぶのとは違ったブーケがやってくると、こんなスタイルもあるのねと新たな発見もあります。結局のところ、お花を買うことへの慣れや選び方なんていうのは、男女問わず積み重ねなんだな、と思うのです。

　すっかり私の生活に欠かせなくなったお花ですが、コロナ対策で実施された最初のロックダウンは、生活必需品以外の店はオープンできないという厳しい内容だったため入手困難となったこともありました。そのとき見つけてきて心癒やさ

5月1日はすずらんの日。この日は街の至るところですずらんが売られています。

れたのが、近所の森に咲く雑草の花。大概小さくて、まずは虫がついていないか
確認しなくてはいけなかったけれど、ストレスフルだったロックダウン生活に潤
いを与えてくれました。

　そういえば実家でも花が絶えたことはなかったけれど、活けてあったのは道端
に咲いているような、楚々とした花ばかりでした。お花と一口に言ってもいろい
ろあります。高価なブーケである必要はないのです。1本でも、小さくても、心
を解きほぐしてくれるような花があると、生活はグッと変わってくると思います。

バレンタインデーに夫から贈られたブーケ。まさに私の好きなヴィンテージ色！

毎週日曜日、パリ
6区のラスパイユ
通りで開かれるオ
ーガニックマルシ
ェの様子。

締まり屋のフランス人が、
お得でもないマルシェに通い詰める理由

フランスのイメージというと、おしゃれで優雅で、高級ブランドもたくさんあって……と思われる方が多いのでは。確かに、エルメスもルイ・ヴィトンもディオールもフランスブランドですし、高級なものの印象があるのは間違っていない気がします。しかし、「人」も高級志向かというと、まったく違ってくるのがフランスなのです。

私が知っている限り、フランス人の多くはとても倹約家で、暮らしぶりも非常に質素。どう考えてもしっかり稼いでるだろうなという資産家でもそんなことが多いです。

実際、旦那さまが政治家である友人を例に挙げてみると、家こそ確かにパリのいい地区にある高級住宅だけれど、それ以外はインテリアグッズや洋服もZARAなどのプチプラのものばかり。以前に彼女がよく行く街でのおすすめホテルを聞いたら、可愛いけれど決して華美でない安宿を「ここよく泊まってるの!」と教えてくれて、「二人とも稼いでいるのに、本当に飾りっ気がないんだな」と感心したこともあります。

ほかにも、友人から聞いた話ですが、彼女の旦那さまの友人は某上場企業の役員という立場であるにもかかわらず、社用車では通勤せず、毎日バスを乗り継いで会社に行くのだそう。私でも知っている有名企業だったので、「あの会社の偉い人が!?」と驚いたのを覚えています。

実は、フランス人の台所とも言われるマルシェは、その倹約家っぷりが鳴りを潜める数少ない場所。フランス好きの方ならご存じであること間違いなしの、食料品を中心に衣類や雑貨などいろいろなものが売られている市場のことですね。

正直なところ、パリに来たばかりの頃はこのマルシェがとても苦手でした。一軒一軒、毎回並んで買うのが面倒だし、混んでいるから「この野菜の名前はフラ

ンス語でなんて言うのかしら？」などと考えていると後ろの人やお店の人にイライラされる。

　そしてなんと言っても、大概のものはスーパーの方がずっと安いのです！　こちらはスーパーもマルシェ同様ほとんどが量り売りなので、自分の好きな量だけ買うことも可能。「スーパーでいいじゃん。スーパーがいいじゃん！」と思って暮らしていました。

　ところが住んで数ヵ月もすると、新鮮なお魚や旬の野菜はマルシェでないと買えないことがわかり、渋々行くように。そして通いだしてみると、なぜフランス人が安くもないマルシェに嬉々として通うのかが理解できるようになってきました。マルシェは単なる買い物の場ではなく、大いなる社交の場でもあったのです。

　例えば、以前八百屋さんで知らない食材について聞いたとき。「サラダにするといいよ！　ちょっと苦味があるけどね」と言われたのですが、後ろのマダムが会話に入ってきて「それ、苦味って言うより酸っぱいわよ」。八百屋のおじさん「いや苦いよ」マダム「絶対酸っぱいわ」とどちらも一歩も引かないので、「わかりました、食べて検証します〜」と言って、初めての食材を口にするきっかけをもらったことがあります（ちなみにその野菜は日本で言うスイバで、すごく酸っぱく、売り主よりマダムのほうが正しかったと判明しました）。

　また、市場内でお花を持って歩いていると、果物屋のおじさんにいつも「あ、僕へのプレゼント⁉　受け取るよ、ありがとう〜！」と声をかけられるので、どうしてもクスッとしてしまいます。

　語学学校が一緒だった友人はお魚屋さんで、お刺身にすべくお魚をじっと吟味していたところ、後ろの人に「やはり日本人は魚を見る目の真剣さが違うわ。うちのものも選んでもらおうかしら」と言われたとか。もちろん、昔から通っているだろうフランス人たちの社交度合いは我々の比ではなく「あら〜○○さん！お元気？」なんて挨拶している様子をしょっちゅう見かけます。

　大した話をするわけではないけれど、人と会話して、温かみを感じて、何ならお店の人と「じゃあまた土曜日に！」と、来週の予定めいた挨拶を交わす。そう

いった人間らしいひとときを与えてくれるのがマルシェなのです。

　新鮮でいい食材が手に入るから、という側面も当然ありますが、安くもないマルシェに皆が通っているのは、人と人との繋がりを求めている部分も大いにあるんじゃないかなと思っています。

上｜「フルーツを食べるかい?」「ソーセージだよ」と言って、子供たちにおまけをくれるお店も。下｜マルシェに並ぶもぎたてのりんごは、不揃いだけれど新鮮で、味も抜群!

「ゴミを出さない」レベルが違う！
フランス人のエコな日常

　パリに移住してから早10年目となる私ですが、1年に1度は日本に里帰りしています。そしてパリに戻る際には、毎回皆がドン引きするぐらい大量の日本食品を持ち帰るのがお約束。買ってきたものを並べて写真（p.174）を撮り、インスタグラムやYouTubeでご紹介したりするまでが恒例行事なのですが、YouTubeを観た海外の視聴者さんからも疑問コメントが寄せられるほど、気になることがひとつあります。

　それは「なんで日本の商品は、こんなにゴミが大量に出る過剰包装のものばかりなのだろう？」ということです。

　日本にいたときは私も、それが当たり前すぎてまったく気づいていませんでした。むしろ、自然好きで何でも「もったいない」と捨てずに取っておくような親の下に育ったので、自分はエコマインドがあるほうだと思っていたぐらい。でも、フランスはエコロジー先進国と呼ばれるほど環境保護に非常に熱心で、この国に住むようになりそのスタイルに慣れていくにつれ、自分はまったくもってまだまだだったなと、今は反省しきりです。

　日本も最近はレジ袋が有料になり、エコバッグを持つ人が増えていると聞き、よかったなあと嬉しく思っているのですが、フランスでは商品パッケージなどでも脱プラスチックが進んでいます。

　もともと野菜や果物などは、マルシェはもちろんスーパーなどでも量り売りが基本なので、ラップや透明パッケージなどのプラゴミがあまり出ません。さらに最近では、豆類や調味料、お菓子、洗剤といったものまで、すべてが量り売りのパッケージフリー販売をするお店（バルク売りというもの）も増えてきました。

　ある日マルシェで八百屋さんに並んでいたときのこと。前のマダムが買うものを何気なく見ていたら、お店の人が新しい紙袋に野菜を入れようとするのを止め、

上、右下｜何でも欲しい量だけ買えるから無駄もなし。エコバッグの代わりにカゴを持つ人も多い。左下｜不要になった洋服は、パリ市内のあちこちに設置されているこのボックスへ。回収品はチャリティーショップへ寄付されたり、生地としてリサイクルされる。

「この袋に入れて」と言って、もう何度も使い回しているのであろう、少しヨレヨレしている紙袋を差し出したのです。それまで何の疑問も感じずに、毎度新しい袋に入れてもらっていた自分を「確かに。何で毎回紙袋捨ててたの？」と問いただしたくなった瞬間でした。

　紙袋だって捨てればゴミですし、チリも積もれば山となります。それ以降は、以前に入れてもらった袋をたたんでエコバッグに入れておき、スーパーでもマルシェでも再利用するようになりました。

　これまた以前、フィトテラピー（植物療法）の学校に通っていたときも気づきがありました。ランチの時間、ふと見るとまだ20代のクラスメイトの子が、瓶に入ったヨーグルトを食べていたのです。

　彼女曰く「プラスチックが使われている製品は買わないようにしているから、瓶入りのヨーグルトしか買わない」とのこと。「正直なところプラスチックは便利だから、面倒だなと思うこともあるんだけど」と笑っていましたが、自分の半分ぐらいの歳の彼女が不便を差し引いても環境を優先することに驚きました。

　もちろん、植物療法を勉強しに来る子だから自然環境に対して意識が高い、ということもあると思います。でも総じてフランス人は、環境保護に対して真剣に考えています。コロナで大変だった2021年でさえ、一番問題なのは？　という調査に対し、コロナではなく「環境問題」と答える人が大多数だったほどです。

　それからは私も、ラップはミツロウラップとシリコンラップを使うようにし、どうしてもフリーザーバッグが必要なときは、洗って何度も再利用するようにしています。また、保存容器もプラスチック製は買わず、ガラス製を選ぶようになりました。

　プラスチックだけでなく、ゴミ自体を減らす必要性も常に考えられています。2016年より大型スーパーでは賞味期限切れなどの理由による食料品の廃棄が禁止され、チャリティー団体などに寄付しなくてはならない法律が施行されたのですが、2022年から範囲が広がり、衣料品や電気製品など、ほとんどの製品が売れ残り廃棄禁止となりました。

さらに2024年からは、すべての国民に生ゴミの堆肥化が義務付けられること
になるのだそう。我が家も2022年からベランダコンポストを始めたのですが、
これがとてもよいのです。生ゴミがほぼ出ないのでゴミの全体量が減り、ゴミ箱
の臭いも出にくくなったため、ゴミ捨ての回数も激減しました。

　日本の商品パッケージの過剰包装に関しては、個人ではなかなか変えていくの
は難しいかもしれません。でも、プラスチックやゴミ全体の量は、一人ひとりの
心がけでも減らせると思うのです。例えば、個包装になっているティーバッグの
お茶はやめてリーフにする、シャンプーやボディソープを固形タイプにする、よ
い素材の服や布類を数少なく、大事に使う……できることは、いろいろあります。

　何と言っても、ゴミが少なくなるのは自分自身にとっても、とても心地いいの
です。そして、ゴミの少なくなる選択をする人が増えれば、企業側も変わってく
るのでは、という気がします。

我が家ではトートバ
ッグ型でベランダに
置いても邪魔になら
ない、LFCコンポス
トを愛用中。

上｜カラフルで可愛いカフェオレボウル。下｜ブロカントの商品はアンティーク品と違い、手頃な値段のアイテムが多いのも魅力。

蚤の市で"古いもの"の
魅力にハマる

　我が家のYouTubeチャンネルの中でも、常に人気があるのが蚤の市の散策動画です。「昔からパリの蚤の市が好き！」という人はもちろん、「動画を観ているうちにアンティークのお皿が素敵と思うようになった」、「楽しそうだから、パリに行ったら蚤の市に行ってみたい」といったコメントも多く、古いものに興味を持つ方が増えているのは、嬉しい限りです。というのは、私もパリに来て古いものにハマったクチだから！

　パリの蚤の市を初体験したのは、まだロンドンに住んでいた頃です。パリに遊びに行った際、蚤の市なるものを体験したいと思い、知り合いに連れて行ってもらったのがヴァンヴの蚤の市でした。同じく有名な蚤の市のクリニャンクールでは、高級かつ価値が高いアンティーク（骨董）品が多いのに対し、ヴァンヴは"ブロカント"と呼ばれる、ガラクタに近い古道具がメインなのが特徴です（当時はそんなことも知りませんでしたが）。

　しかし訪れた日は真冬、さらに途中からザアザアと雨が降ってくるという、蚤の市を巡るには最低のコンディション。実際、店を半分も回らないうちに凍えそうになり、カフェに駆け込み、熱いコーヒーで身体を温めたほどでした。

　これで何も見つからなければ、「蚤の市なんて面白くない」と思ったでしょうが、古いものの神様は私を見捨てませんでした。雨が激しくなり、強風まで吹きだして、お店の人たちが"Oh là là〜！"（ありゃりゃ〜！）と言って早々に店じまいを始める中、しつこく足元に置かれた段ボールの中を見ていると、縁にデザインのある素敵なお皿を発見。値段を聞くと「1枚1ユーロでいいよ！」と言われ、あら安いわ、と2枚購入しました。

　パリに住み始めてから、仲よくなったブロカント品ディーラーの友人が夕食を食べに来た際このお皿を出したところ「これ、いいものだよ」と。なんと、コレ

Achat-Vente *Alexandrine*
Bijoux anciens
Instruments
de musique
07 586 398 30

上｜ぎっしり商品が並んだ場所は、掘り出し物がありそうでついつい真剣に見入ってしまいます。左｜プロのお店は、商品のディスプレイもおしゃれで見るだけでも楽しい。

クターも多い陶器ブランド、クレイユ・エ・モントローのコルベールというシリーズだったのです。少し欠けている部分があったので安かったのだろうとは思いますが、ネットで探してもほとんど見かけず、友人曰く1870〜1890年代頃のものだそうで、その古さにビックリ。

　これにすっかり気をよくし、週末になるとあちこちの蚤の市に出かけるように

なりました。ある日またもや段ボールの中を漁っていると、前から欲しいと思っていたバスク柄と呼ばれるお皿を発見。値段を聞いてみると1枚しかなかったからか「1ユーロ」とのこと。ホクホク持ち帰ったのですが、YouTubeの視聴者さんから「日本では1万円以上する」と教えてもらって衝撃を受けました。130円（当時のレート）で買ったのに！　もちろん、毎回そんな幸運があるわけではないですし、日本で販売するとなれば、買い付けのための航空券、人件費、運送費、手数料などさまざまな費用がかかるので、どうしても高くなってしまうのだろうと思いますが……。そんなものがぽろっと見つかったりする、宝探し的感覚が楽しいのです。

　またそれだけでなく、私が蚤の市を好きな理由には、古いものを大事にするフランス人の様子を見るのが面白い、ということもあります。

　フランス人は古いものに抵抗がない、というか、古いものほど価値があるという考え方があるようで、蚤の市では文字どおりなんでも売っています。家具や食器、本、古着といった定番のものから、旧式の電話、動くのかよくわからない家電類、ドアの鍵、ジャムの空き瓶、古い携帯やそのコードまで、日本人だったら絶対「これは売れないでしょ」と思って捨てそうなものもたくさん。でも「自分は使わなくても、誰か欲しい人がいるだろう」とばかりに、どんなものでも取っておき、売ろうとする姿勢が好きなのです。

　そしてそれを見て、ちっともものを大切にしていなかった自分の生活スタイルを非常に反省しました。日本にいた頃は、なんでも気軽に捨て過ぎていたな、と。

　もちろん不要なものまで取っておく必要はないと思いますが、買うときには本当に必要なのか、よく考える。そして不要になったからとゴミにするのではなく、フランスでは "Seconde main"（第二の手）と言いますが、次に使ってくれる人を探してあげる。それが文化として根づいているのが素晴らしいなと思います。私にとって蚤の市は、フランス人の、ものを大切にして愛する心を感じられる場所でもあるのです。

{ GOROGORO KITCHEN おすすめの蚤の市 }

ヴァンヴ / *Vanves*

開催日：土曜、日曜　7:00〜19:30（冬は遅く始まり早く閉まります）
アクセス：地下鉄13番線　Porte de Vanves 駅から徒歩3分

毎週末開催されており、出店者は皆プロフェッショナル。そのため、超お値打ち！ という商品はあまりないものの、いいものが揃っていることが多く、短期の旅行中でも効率よくブロカントを満喫できるのが魅力です。高級アンティーク系が多く揃うクリニャンクールの蚤の市よりも手頃なアイテムがメインなので、蚤の市初心者でも楽しめるはず。

リュー・ドゥ・ブルターニュ / *rue de Bretagne*

開催日：大体5月と11月の年2回
アクセス：地下鉄8番線 Filles du Calvaire 駅から徒歩5分、
3・5・8・9・11番線 République 駅から徒歩8分

知っている限り、パリで一番人気の高い蚤の市。年に2回のみ、金、土、日の3日間開催されますが、毎年金曜日の朝から大混雑するほど。こちらも出店者はプロフェッショナルで値段も高めですが、質のいいものが豊富に揃っています。パリ在住者も皆訪れるほど注目度の高い蚤の市なので、金曜朝イチから出かけるのが断然おすすめです。

ブロカントアプリ「Vide-greniers.org」で探す

パリでは毎週末、各地で不定期にブロカントやヴィッド・グルニエ（一般人による地域バザー的蚤の市）が開催されています。そういった不定期開催のものを含め、フランス全土で行われる蚤の市情報が調べられるのがこちらのアプリ。蚤の市の予定日と場所はもちろん、出店者はプロなのかアマチュアなのか、予定出店数などもわかります。表示はフランス語のみですが、RECHERCHE（探す）を押し、次の画面にあるAutour de moi（自分の近く）をタップすると、現在地の候補が表示されます。一番上をタップすると、現在地から近い場所で開催予定の場所のリストが出てきます。同名のサイトもあり、PCでの検索も可能です。

{ 蚤の市での買い物のコツ }

朝イチから出かける

商品は早い者勝ちで売れていくので、いいものを見つけたい場合はやはり朝から行くのがベスト。逆に「とにかく安く買いたい」という人は、午後〜夕方のほうがおすすめ。店主が売れ残りを嫌って値引きしてくれることが多いです。

キレイに並ぶものより段ボールの中をまず探す

テーブルの上に整然と並べられているものは、大体値段が高め。地面にポンと置かれ、いろいろなものが投げ込まれている段ボールは、一見ガラクタだらけに見えますが、意外と掘り出し物が見つかったりすることも。

欲しいものを決めすぎずに出かけよう

これはブロカントの達人に聞いたことですが、買いたいものを念頭に置くとついそればかりを探してしまいがちになり、他にいいものがあっても、目に入ってきにくくなるのだそう。考えすぎずフラットな目線で探すと、意外な逸品に出会えることが。

人が行かない日はお得がある

雨や雪が降ったりすると人出が少なくなるので、値切り交渉がしやすくなります。普段なら売れてしまっているような人気アイテムが残っていることも。ただしそういった日は出店数も少なくなりがちなので、たくさんの店を見たい人には不向き。

値段交渉はしてみるべき

値段交渉は蚤の市の醍醐味のひとつ。我が家では、20ユーロと言われたら15ユーロは？　と言ってみる、というように、提示額よりやや安い値段で交渉します。ただししつこいと怒られたりするので、あくまでお互いが楽しめる範囲で。

フランス人の生きがい
“夏のヴァカンス”は意外に堅実

　8月に入ると、パリはすっかりゴーストタウンと化します。と言うのはさすがに言い過ぎのきらいがありますが、観光客以外の人をほとんど見かけなくなります。特に我が家の近所はパリのベッドタウンなので観光客もおらず、その現象が顕著。土曜日の10時に近所のマルシェに出かけたら、私ともう一人しかお客さんがおらず、向かいから歩いてきたおじさんも驚いたのか "Personne n'est dans la rue!"（道に誰もいない！）と繰り返し叫んでいたほどです。

　7月14日はフランスの革命記念日であり、国を挙げて盛り上がる祝日。そしてこの日は、ヴァカンスの始まりをも意味しています。フランス人の夏休みは長いとは聞いていましたが、さすがに7月半ばからみんなが休みに入ってしまうとは思っていなかったので、パリに住み始めた最初の年は非常にびっくりしました。

　そしてヴァカンスシーズンは、8月の終わりまで続きます。1年目は語学学校の夏期講座を取っていたこともあり、「パリの夏を楽しもう」と思っていましたが、皆がどこかへ一斉に行ってしまうため、お店もレストランも休みがち……。翌年からは仕事も始めたものの、これまた皆がいないので滞ってしまいます。以前は

左｜もちろんヴァカンス先でも、その土地の新鮮な食材が揃うマルシェ巡りは必須！　　右｜南イタリアに行った時は、スイカが美味しくてそればかり食べてました。

毎年ヴァカンスシーズンにセーヌ川沿いに作られる"パリ・プラージュ"（パリの海岸）の様子。

　混み合う夏に休みを取るのが嫌いで、旅行は夏以外と決めていたのですが、やはり郷に入ったら郷に従え。夏休みは夏にこそ取るべしと、段々に気持ちが変化しました。

　フランスは年に5週の有給休暇が法律で保障されているので、夏に3〜4週間の休みを取っている人も多いようです。「そんなに長く旅行するなんて、お金がかかるのでは？」と思いますが、そこは倹約家のフランス人。ヴァカンスは長くても、意外とお金はかけないんです。

　もちろんまるっと4週間旅行に行く人もいると思いますが、私が知る限り多くの家庭は、それぞれの実家に行って2週間ぐらいを過ごし、その後2週間ぐらい旅行に行く、という感じ。その旅行も、ホテルではなくジット（Gîtes）という農家や民家の一部を貸し出している、リーズナブルな貸し別荘的宿に泊まって自

ヴァカンスで訪れたスペインの高級リゾート、
シッチェスの美しいビーチ。

暮らすように旅した南イタリアでは、ほぼ毎
日お魚屋さんに通っていました。

炊したり、友人の別荘を安く借りるなど、あらゆる節約を試みます。フランス人の旦那さんがいる友人は、２週間ずっと自転車で移動し、宿泊はキャンプというヴァカンスに出ていたことも。

　ちなみに2022年は、フランス人の74％がヴァカンスに旅立ち、その２週間の平均費用は1806ユーロ（約25万円）だったそう。フランス人家庭は子供が３〜４人いるのが珍しくないことを考えると、それほど高くないと思うのです。

　もうひとつフランスの夏休みを目の当たりにして変わったのが、旅先での過ごし方。日本人は１週間の休みでも、アクティブにあちらの都市、こちらの街と駆け巡ったりしがちですよね。対してフランス人のヴァカンスは、大抵同じ場所にずっと滞在し、一日中本を読んだりして、のんびり過ごすことが多いです。私も以前は、初めての旅先だとあれこれ名所巡りをしていましたが、自宅に戻ると休暇前よりよっぽど疲れている自分に気がつき……。

　休暇というのは休むためのものなのだから、のんびりしていいのだ──フランス人の休み方は、そんな根本的なことを教えてくれました。アクティブに巡る派の方もぜひ一度は、いつもとは違う空間で、何の計画も立てず、遅い時間に起きて、美味しいものを食べてただゆったりと過ごすというスタイルの贅沢を試してみてほしいなあと思うのです。

　我が家は５年前、南イタリアに滞在した際、毎日のんびりしすぎてアメリカのドラマを観始めたら止まらなくなり、翌朝まで完徹して観たという思い出があります（笑）。でも、そんなしょうもない思い出こそすごく心に残っていて、あのときは楽しく、本当にのんびりしたなあという気持ちが蘇るのです。

　それにしても、日本ももう少し休みを取れるようになるといいのに、と思います。フランス人は個人主義のため、「有給を使って休むのは当たり前」と考える人が皆休むようになり、会社もそれを了承する、という流れが20世紀前半にできたらしいです。でも20世紀前半って、割とつい最近のこと！

　そうであれば日本でも、皆がもっと声を上げて自分の休みを尊重していくことはできるのでは……！　と思うのですが、なかなか難しいでしょうか？

バルセロナにて。都会と海が両方楽しめる、ヴァカンスに最適な街でした！

シミやシワができたって、
太陽と緑があれば！

　ヴァカンスシーズンが終わるたびに、夏の前とは本当に違うなあと感じるのが、街ゆく人たちの肌の色。老若男女問わずといっていいほど、皆が日焼けをしているからです。最近でこそ、日焼けの害が叫ばれて、キレイに日焼けするための日焼けローションなどにもUV効果が採用されていますが、日本人的にはそれ以前に「肌老化の一番の原因と言われるのに、日焼けするの？」と思いますよね。でもこの国では相変わらず「日焼けしたほうが格好いい」派が大多数です。

　フランス人が“太陽好き”というのはなんとなく前から知っていましたが、住んでみたら、予想の上をいっていました。ヴァカンスとなるとビーチでせっせと日焼けするのは当然。日常的にも、お天気の日にご近所さんに会って「元気ですか？」と挨拶すると、「なんとかやってますよ、こんな太陽の出てる日だからね！」みたいな言葉が返ってきたりします。暖かくなると、セーヌ川沿いや公園でも水着姿で甲羅干しする人たちが現れ、「太陽があるって素晴らしい〜！」と皆が思っている感じがひしひしと伝わってきます。

　対して以前の私は、太陽、厳密に言うと紫外線恐怖症でした。日本にいた頃は美容ライターだったこともあり、朝はベッドサイドに常備していた日焼け止めを塗ってからでないと布団から出ないようにしていましたし、洗濯物を干すのにもベランダに出るたび塗り直していました。365日、高校3年生から一日たりとも日焼け止めを塗ることを怠った日はなく、とにかくどんなときも日に当たることを恐れていたのです。

　そんな筋金入りの太陽嫌いだったため、ヨーロッパに来たばかりの頃は「なんでその害を考えないのかな？」と疑問でしかなかったのですが、在住期間が長くなるにつれ、次第にそのありがたみがわかるようになってきました。

　最初に感じたのは、パリ移住の前に約2年住んだロンドンでの冬。朝もなかな

誕生日パーティだって、夏の間は太陽の降り注ぐ公園で。旗や風船でお祝い感をアップ。

ヴァカンス先で人気なのはやはりビーチリゾート。ヨーロッパの海はどこも水がキレイ！

か明るくならないのに、午後3時過ぎにはもう真っ暗。あまりの暗さに胸がドキドキして、押し潰されそうな感覚を覚えました。フランスに来てみると、イギリスとは1時間の時差があるおかげで冬暗くなる時間が少し遅く、だいぶ救われた気になりましたが、それでも毎日どんよりとした曇り（時々雨）の日ばかり。

　フランスでは年間300万人も鬱病を発症すると言われており、これは太陽の光が足りないことが原因のひとつとされているそうですが、それも理解できるほどに毎日が暗く、さらにその冬が長いのです。パリに来て最初の年は、6月になっても曇りの日が続き、コートが要るというほど寒くて、<ruby>慄<rt>おのの</rt></ruby>きました。

　そんな冬を過ごすと、もはや太陽が尊いのです。紫外線をちょっとくらい浴びることになっても、それが肌老化に繋がるかもしれなくても、このキラキラ輝く日差しを楽しみたい。なんならポカポカと日光浴したい。そんなふうに気持ちが激変しました。

　そして恐る恐る受け入れてみたら……思っていたより太陽を浴びて過ごすのは

青い空と美しい花。それだけで幸せになれる組み合わせ。

気持ちがいいのです。そう感じると、この心地よさを振り切ってまで、若さに固執しないといけないのだろうか？ という疑問がむくむくと湧き上がりました。この先何十年か後にちょっと若々しい肌であることで、「あの夏我慢したおかげだわ、幸せ！」と思うのかな、そんなわけはないな、と。美容ライターとしては失格ですが、そう考えたら肌が老化することへの恐怖心が和らいで、心がグッと軽くなったのです。

　もちろん、フランス人の日焼けっぷりに感化されたところもあるかと思います。だって、皆本当に焼けているのです。シワやシミができてもお構いなしで「隠すためには、また日焼けしなくちゃ！」なんて驚くようなチカラ技（？）を繰り出してくるので、たまに度肝を抜かれます。でも、そんな風に笑い飛ばして太陽を満喫しているのを見ると、シミやシワのひとつでクヨクヨするのが馬鹿らしいな、という気になってくるのです。

弟のとら。こう見えて、くるみとはお父さん
違いの異父姉弟！

姉のくるみ。人懐っこいとらに比べると臆病
で猫らしいけれど、それもまた可愛い。

ペットを飼いやすいフランスで、
猫と幸せに暮らしています

　我が家には現在、2匹の猫がいます。日本では子供の頃からずっと実家に猫が
いたので、猫がいる生活には慣れていたものの、自分が主体となって猫を飼うの
は初めて。なので簡単に比較はできないかもしれませんが、この国はとてもペッ
トを飼いやすい国だなと感じています。

　一番楽だと思うのは、賃貸住宅でもペットを飼うのが自由なこと。フランスで
はペットを飼っていることを理由に入居を断ることはできないからです（とはい
え、フランスでは不動産屋さんを通さず直接家主と賃貸契約を結ぶことも多いた
め、家主の個人的な意見で、実質「ペット不可」というところはありますが）。

　数年前、我が家で猫を飼い始める前のことです。知り合いの猫を預かっていた
際に大家さんがやって来たため、慌てて「この猫は今預かってるだけなんです」
と言ったところ「そうなの？　でも別に、猫飼っても全然いいよ」とニッコリ。
大家さんからわざわざ許可してくれるとは！　とびっくりしたのでした。

　楽と言えば、公共交通機関にペットと気軽に乗車できるのもそうです。地下鉄
ではリードだけつけて乗車している犬とよく出会います。本来大型犬は口輪をつ
けるとか、小さい犬はキャリーに入れるといった決まりがあるらしいですが、暗
黙の了解で誰もしていません（笑）。でもどの犬もしっかりしつけされているので、
吠えたりすることもなく皆とても大人しくしています。

　ヴァカンス前後になると、猫を入れたキャリーを持っている人もあちこちに出
現します。TGVなどのフランス国鉄の高速鉄道の場合、以前は重さでペット料
金の違いがありましたが、2022年6月、一律料金に改正。犬でも猫でも爬虫類
でも、大きさに関係なく同じ料金で乗ることができるようになりました。

　移動手段だけでなく、旅先でも犬猫を快く受け入れてくれるところが多いので
す。猫を飼う前は、ペットを飼うと旅行がしにくくなるだろうなと思っていま1.

たが、探してみるとペット可という宿泊先が意外にたくさんあることを発見。ヴァケーションレンタルという、日本でいう貸し別荘タイプの宿はもちろんですが、ホテルでも追加料金を払えばOKのことも。犬はカフェやレストランでも一緒に入れるところがほとんどです。

　実際、休暇で行った南仏、そしてパリ近郊の宿にも、我が家の猫たちを連れていくことができました。移動の間はちょっと可哀想だなと思いますが、最近はだいぶ慣れてきた様子。旅先でのんびりしているのを見ると、私たちも安心して休暇を楽しめます。時間はかかりますが、スペインやポルトガルなども電車で行くことができるので、EU内なら猫と一緒の旅もできるかもなあなんて、夢を膨らませています。

　とはいえフランスもペットの天国ということではなく、２人に１人がペットを飼っていると言われながら、特にヴァカンスシーズンになると長期の旅行に連れていけないという理由で、毎年10万匹もの犬猫が捨てられていたそう。しかし、「ペットはおもちゃでも消耗品でもない」と訴える議員や著名人が増えたことで、2021年法改正が議会で可決。2024年からはペットショップでの犬猫生体販売が禁止となりました。

　2024年の１月１日以降は、犬や猫を迎え入れられるのは保護団体や認定を受けたブリーダーからのみに。また、新たに犬猫を飼い始める人は、飼育に責任を持つなどを誓約した書類の提出が義務付けられる、未成年が動物を購入する場合は必ず保護者の許可が必要など、飼い主側の規制も強まるそう。

　せっかく迎えた動物を捨てるなんて……と理解に苦しんでいたので、動物の不当な扱いに対する法改正がなされたことに、非常にホッとしています。

　我が家が猫を探した際も、最初に当たったのは保護団体でした。しかし、これまで自分で猫を飼った実績がないということでハードルが高く、なかなか迎え入れられる子に出会えず……。絶望的になっていたところ、知り合いが猫ネットワークを駆使し、遠いノルマンディーの農場で飼い手を探している子猫がいるらしいと教えてくれたのが、くるみ＆とらに出会えたきっかけでした。

パリでは犬をよく見かけます。デパートやレストランの中にもいるので、最初はびっくりしました。

　レンタカーで往復7時間以上かけて迎えに行き（疲れ切った夫と車内で大喧嘩もしたり）、猫が家に到着したらしたで全身ノミだらけなことが発覚、慌てて獣医に駆け込むなど、いろいろ大変でした。ですが、そうして出会えた猫たちは本当に可愛く、我が家の癒やしの存在となっています。

　余談ですがこちらの獣医さんは、フランスらしくなかなか雑な感じ。くるみは雌なので避妊手術をしましたが、術後はエリザベスカラーもなく、毛を刈られた傷口の周りにそのままテープでガーゼが貼られてギョッ。取り去るときもベリベリ剥がされ、赤くただれてしまったのですが「薬を毎日塗れば大丈夫」とサラリ。いや、なかなか痛そうで可哀想なんですが……と言いたかったほど。こういうときは、なんでも丁寧な日本がいいなあと、羨ましく思うのでした。

パリの人気スーパー「モノプリ」で買うべきもの BEST 10

私がほぼ毎日通っている、最愛のスーパーがMONOPRIX（モノプリ）。各種ブランドとコラボアイテムを作ったり、PB（プライベートブランド）アイテムが高品質なところも人気です。食品は特に、「MONOPRIX Gourmet（モノプリ・グルメ）」というPBでも上位クラス品を選ぶとハズレなし。洋服や文房具などのPBグッズは商品の入れ替えが早いので、いいと思ったらすぐ入手することをおすすめします。

＊MG は MONOPRIX Gourmet の略
＊パッケージはすべて2022年12月現在のもの

No.**1**

MGのレ島産塩入りの生バター
MG Beurre cru
à la fleur de sel de l'île de Ré

フランス土産にエシレなどの有名バターを選ぶ人は多いですよね。でも実は、MGのバターは高級ブランドものに負けないぐらい高品質、それでいてお手頃価格なのです。通常の発酵バターと生バター（cru）、塩分濃度違いで各種揃っているのも嬉しいところですが、パンにつけるならフルール・ド・セル（塩の花）入り生バターが最高。

No.**2**

PBの洋服
Vêtements

モノプリは洋服も可愛いのです！　YouTube動画内で着るたび「どこの服ですか？」とお問い合わせがあるほど。大手ファストブランドとはまた違った色使いや、フェミニンなデザインが多いのも気に入っています。モノプリは環境問題に昔から取り組んできたスーパーで、エコに配慮したオーガニック素材の品が多いのもいいところ。

No.**3**

PBのキッチンリネン
Linge de cuisine

モノプリのPBはホームグッズもデザインが可愛いもの揃い。猫や犬などの動物モチーフのエプロンや鍋つかみ、キッチンクロス類が揃っているので、我が家のキッチンリネンはほぼモノプリPBで占められています（笑）。品質とデザインの割にお手頃価格なのも嬉しい。ストライプや花柄など、シックで大人っぽいデザインのものもあります。

No.**4**

ポワラーヌのクッキー
Poilâne sablés
Punitions

みんな大好きポワラーヌのクッキー。実はわざわざ路面店や大手デパート食品館に行かずとも、モノプリで買えちゃいます。と言ってもクッキーは200g入り袋のお得用のみなのでご注意を。お菓子コーナーではなく、ポワラーヌのパンと一緒の棚にあります。他のお土産類と一緒にまとめて買っちゃえ！　というときに便利です。

No.5

PBのエコバッグ

Sac de courses

モノプリのエコバッグは、知る人ぞ知る人気のパリ土産のひとつ。私が日本に帰るときにも、「買ってきて」とよく頼まれるものです。パリらしいエッフェル塔からおしゃれな花柄までいろいろなデザインが揃っており、時には人気デザイナーとの限定コラボ版が出ることも。リサイクルポリエステルを使っており、軽くてとても丈夫です。

No.6

MGの冷蔵スイーツ（左／フォンテーヌブロー、右／コーヒームース）

MG Fontainebleau nature à la crème et au fromage frais, Fleur de mousse café sur ganache au café

我が家の冷蔵庫にほぼ常備されているデザートトップ2がこちら。フォンテーヌブローは量が多くてお得なナチュールを我が家では買っていますが、味付け無しなので、ホテルなどで食べる場合はフランボワーズソース味の方がおすすめ。コーヒームースはこっくりしているけれど甘すぎないので、スルスル食べられちゃいます。

No.7

レ・ニソワの
トマトオレガノ味クラッカー

Les Niçois mini-pizzetta tomate origan

モノプリ以外のスーパーでも購入できますが、お酒のアテにもなる甘くないお菓子を探している人にぴったりのクラッカー。トマト＆オレガノ風味があとを引く美味しさです。食べてみると驚くほどぎゅっとした硬めのクラッカーなので食べ応えもあります。さっぱり味好きなら、同ブランドのローズマリー風味ミニフォカッチャもおすすめです。

No.8

PBのステーショナリー

Papeteries

PBのキッチンリネン類と同じく、なかなか可愛いのがステーショナリー類。文房具のクオリティは日本の方が高いと思うのですが、ことデザインに関しては「やはりフランスっておしゃれだわ～」と唸るものが多いです。今すぐ必要でなくても、カードやノート類（あとマグネットも）で猫柄があると、ついつい買いおきしてしまう私です。

No.9

ラ・フェルミエールのルバーブヨーグルト

La Fermière yaourt brassé sucré à la rhubarbe

フランスは酪農大国なので、さまざまな種類のヨーグルトが揃っていますが、私が一番好きなのがこのLa Fermière。特にルバーブ風味は、甘酸っぱいルバーブの味と、コクがありつつとろんとしたヨーグルトの味とがマッチして、とっても美味し！マンゴーやバニラ味も美味しいです。こちらも他のスーパーで購入可能です。

No.10

MGのトリュフ入りリゾットの素

MG Risotto aromatisé truffe

サマートリュフが1％も入った、贅沢なお味のリゾットの素。作り方は簡単で、鍋にオリーブオイルまたはバター少々を入れて火にかけます。リゾットの素を入れて軽く炒めたら、その後は少しずつ熱湯を加えて混ぜ続けます（トータル1リットルくらいの湯量になります）。20分ほど弱火で煮たら、塩、胡椒で味を調えてでき上がり。

Chapter 2

フランス人はおしゃれでスノッブで、
気位が高い……は違う!?

実は愛すべき
フランス人

6月21日は音楽の日。路上でもこんな風に踊って楽しむ人があちこちに。

人は人、自分は自分。
フランス人の自由さが、私を楽にしてくれた

　フランスに住み始めて、もう何度目かわからないほど聞かれたのが、「フランスのどこがいいの？」という質問です。私の返事は決まっていて「フランスのほうが、より Liberté（自由）があるから」。そうするとまた定型文のように返ってくるのは「でも、フランス人は自由すぎじゃない!?　皆が自由すぎて、秩序がないよ」という返事です。

　まあ確かにその通りで、ここは個人主義が徹底している国。誰もが自分の好き勝手にしているため、とばっちりを受けて大変な思いをすることもあります。それでも、他人からどう思われるか、どう評価されるか、といったことをずっと気にして生きてきた（周りからはそう見えないかもしれませんが、本人的にはそのつもりの）私にとっては、自分以外のことを微塵も気にしてなさそうな人々の様子を見て、なんだかちょっと伸びやかな気持ちになったのです。

　まず、人々の装いからして至極自由です。夏だというのにダウンを着ている人、穴の開いたセーターの人、ノーブラなのがはっきりわかるので目のやり場に困る人などなど、日本じゃあり得ないなあ！　と思うスタイルの人が、街中にたくさんいます。思わず「自由だわ〜」と声に出したくなるほどです。

　自分は自分、人は人と考えているので、他の人のことを羨ましがったりしないし、他人と自分を比べたりもしません。ごくごく自然体だから、こちらも飾ることなく接することができて、ほっとするのです。

　でもだからといって、人に無関心なわけではありません。電車にお年寄りや足の不自由な人が乗ってきたらすぐに席を譲るし、倒れている人を見ると駆け寄って、救急車が来るまで一緒にいるのも厭いません。あるとき、地下鉄が駅と駅の間で止まってしまったため、皆でドアをこじ開け、線路を歩いて避難したことがありました。車両から線路へは飛び降りないといけなかったのですが、私が降り

ようとすると、前にいた男性がさっと手を差し伸べ、降りるのを手伝ってくれたのです。自分一人でも降りられたけれど、非常事態にはそういった配慮が本当に嬉しく、心強く感じました。

とはいえ冒頭にも書いたとおり、いいことばかりなわけではありません。自分が最優先という人ばかりのため、普段は日本のように相手の都合を考えてくれるとか、慮るという姿勢はほぼゼロだからです。

例えばフランス人と仕事をするとよくあるのが、休みの前後になると連絡がつかなくなり、仕事が進展しなくなるという問題。もちろん日本でも、ゴールデンウィークやお盆など長期のお休みの場合は稼働しなくなると思いますが、そのぶん「〇〇まで不在にしております。急ぎの場合は以下の番号にご連絡ください」といった自動メールが来たりしますよね。

しかしながらフランス人は仕事よりプライベートを優先するので、休みに入ってしまった人に連絡を取るのはほぼ無理。そして周りの人たちも大概一緒に休むので、急ぎの場合でも連絡が取れない場合が多いのです。

それだというのにフランスは、休みだらけ！ 新年、イースター、革命記念日、夏のヴァカンス、秋休み、クリスマス……。そして祝日が火曜日または木曜日にあると、月曜日or金曜日もついでに休む、ちょうど休みと休みをつなぐようにするので"Pont"（橋）と呼ばれる連休も出現し、「一体フランス人はいつ働いているの!?」と聞きたくなるくらい休みます。雑誌などの締め切りのある仕事をしている身としては、間に合わなくなる〜！ と冷や冷やすることがしょっちゅうありました。

しかしこれも、回を重ねると次第に慣れてきます。「おっと、革命記念日を過ぎたらみんなヴァカンスで連絡つかなくなりそうだから、早めに写真を送ってもらおう」とか、普段ならメールの返事を待つところでも「ダメ押しの電話もかけなくてはいけないな」などと対処法が身について、なんとかやりくりできるようになりました。

そしてこの"自分優先"マインドに慣れてくると、「そっちがそうなら、こちら

左上、左下｜音楽の日は、場所、プロ
アマを問わず誰でも演奏することができ
るので、街中にさまざまな音が溢れます。
右下｜雨に打たれながらパンを片手にじ
っと佇んでいたムッシュー。何か考え事
でもあったのでしょうか……?

　も!」という感じで、無駄に気を遣うことが少なくなったのです。「自分の気持
ちに忠実に行動していいのだ」という気持ちになれたのは大きな変化で、何か足
枷が取れたような、そんな気分。
　もちろん限度はありますが、何より歌いながら歩いていたり、周りに構わず踊っ
ている人を見ると、自由でいいねえ～と微笑ましい気持ちになるのです。

思ったことはすぐ口に出す。
自己主張をはっきりする人たち

　私がパリに住んで最初に驚いたのが、いろんな人が道を聞いてくることでした。区役所のある駅前に住んでいたので、土地勘がある人だと思われたのかもしれませんが、とにかくしょっちゅう尋ねられるのです。「あなた、駅はどっち？」なんていう質問ならなんとか答えられるけれど、「○○のお店はどこかしら？」などの込み入った情報はお手上げ。聞かれるたび「どう見てもアジア人の私になぜ聞く？」と不思議に思っていました。

　しかしパリ暮らしも長くなってくると、段々彼らの思考が理解できるように。どうもフランス人は、自分が疑問に思ったこと、感じたことは、その場で口に出さないといられないみたいなのです。

　とにかく思ったらすぐ行動しないと気が済まないので、道に迷った人だけでなく、知らない人から話しかけられる現象は日常的に起こります。スーパーで買い物をしていると、年配のマダムから「これはいくらって書いてあるかしら？」、マルシェで花梨を買っていると後ろの人から「それ、どうやって食べるの？　生で食べるの？　どうするの？」、地下鉄で隣の席に座ったムッシューがじっと足元を見ているなあと思ったら「そのサンダルいいねえ。どこのもの？」、変な行動をしている人がいる、と思うと、そばにいた人が目を合わせてきて「何がしたいのかしらね」と笑う、などなど。

　最初の頃はいちいち驚いていた私も、慣れるにしたがって知らない人との小さな会話が楽しいなと思うようになりました。さっきまでまったく無関係だった人でも、ちょっと会話をすることで「なるほど、ありがとう」となり、「いい一日を！」と言い合って別れる。なんでもない瞬間が、ちょっと楽しい、ほっこりしたひとときになった気がするからです。

　しかし、すぐに口に出すぶん衝突したり、面倒が起きたりすることも避けられ

駅の近くは人が多いからか、特に話しかけられることの多い場所！

マルシェでビラ配りをする男性と、気がつけば話し込んでいるマダムがいたりします。

ません。

　デモやストライキはその最たるもの。黙っているのは損と考える人たちなので、「周りに迷惑がかかる」とか「こんなことを言っては人に嫌われる」なんてこと

は気にせず、自分たちの考えを主張します。そして自分の意思を表現するのは大事なこととみなされているので、地下鉄が止まろうと飛行機の発着が乱れようと、市民は寛容に受け入れている感じです。友人から聞いた話ですが、その昔、公務員年金改革を進めようとした政府に対し大規模な抗議デモが行われたときは、公共交通機関がほぼすべてストップしてしまったそう。それでも通勤はあるわけで、「皆、車がある人は乗り合いにしたり、自転車からキックボード、スケートボード、ローラースケートと、あらゆる手段を使ってなんとか会社に行ったのよ」。スケボーやローラースケートで会社？　と思わず笑ってしまったのですが、自分たちが不便を強いられても受け止めるその度量というか、対応に驚きました。

　また主張が激しいというのは、怒りも我慢しないということでもあります。

　渡仏後すぐの頃、リッチなマダムの家の猫シッターのバイトをしたことがあったのですが、猫が3匹もいるのでとにかく抜け毛の量がすごい。私の実家では猫に粘着クリーナーを直接当てて毛を取っていたので、なんの気なしにコロコロして毛を取っていたところ、出入りしていたお手伝いさんにその様子を告げ口されてしまい、マダムから恐ろしい怒鳴り声の電話がかかってきて震え上がりました。

　冬の凍える道端で必死に30分ほど涙目で状況を説明。猫は痛がったりせず、むしろマッサージ感覚で喜んでいたことを伝えて、なんとか怒りを鎮めてもらったものの、「ああこれはもう次はないな」とガックリ。

　ところが翌日ごく普通に「元気〜？」と電話がかかってきて、本当に驚きました。さらにその後は、猫たちにすっかりなつかれて、めでたく猫好きであることを証明できたこともあり（？）、ご飯会に誘ってもらえるまでになったのです。言いたいことを我慢しないぶん後腐れもない様子で、そのあっけらかんとした感じに「人がどう思うとか、本当に気にしないんだな〜」ともはや感服したのでした。

　私もこの国に住み始めてからだいぶ必要な主張はするようになったと思いますが、まだまだその境地にはたどり着けていません。

なんでも忘れるけれど、
臨機応変でもある

　もし、忘れっぽさ選手権が開催されたら、他国をぶっちぎって1位になれるのでは？　と思うぐらい、フランス人はなんでも忘れてしまう人が多いのです。

　一説によると忘れたフリをしている人もいるらしいし、フランス人にそう言うと「人による」と返されますが、基本的に忘れっぽい性質なのは確かな気がします。日本人の感覚からすると、びっくりするぐらいすべてを忘却の彼方へ押しやっていきます。

　そんなフランス人たちとのやり取りの中でも、特に大変なのは仕事。まず、メールをしても返事がありません。今ではもう返事がないのが普通と捉えるようになったため、クヨクヨ悩んだりすることもなく、電話する予告としてメール送っただけだし、ぐらいの心構えでいられるようになりました。

　運よく返事があり、「じゃあ月曜日の10時にお店で！」なんて約束をしても予断を許しません。その昔まだ女性誌の編集部に在籍していた際にパリ特集を作ることになり、私はパリのお店取材担当に。ところが朝から取材先に行ったものの、店主が約束を忘れて店に誰もいなかった、ということがありました。コーディネーターさんが焦って連絡をしていて、当時は「もしかしてアポが入っていなかったのでは!?」なんて勘ぐったりもしましたが、今となっては「あるわ〜」としか思えない。あのとき疑ってごめんなさいと謝りたい気持ちです。

　そして忘れっぽい人には、マルチタスクもあまり期待できません。カフェでコーヒーを頼んで、「あ、一緒にお会計もお願いします」なんて言っても、お会計のことは大概忘れ去られてしまいがち。「頼んだのに！」とプンプンしても自分のストレスがたまるだけなので、どうにもならないと諦め、この国では一気にあれこれお願いをしないことを心に留めましょう。

　とにかくなんでも忘れがちなフランス人とのやりとりは、真面目に捉えるとがっ

みんなで「これなんだっけ？」と言ってたら面白いなと、つい想像してしまいました。

かりすることが多いもの。でも、そんな適当な人の多いフランスだけに、日本とは違ってその場その場で臨機応変に対応してもらえることもあるというよい部分もあります。

　以前パソコンが突然起動しなくなってしまい、困り果ててアップルストアに並んだことがあります。

　朝の9時半過ぎから1時間近く並び、受付で言われたのは「対応は3時間後になります」。家に帰るには微妙な長さだし……と近くをぶらぶらし、その後カフェでお茶をすることにしました。ところが予定時刻が見られるサイトで目安表示がどんどん繰り上がっていき、お茶を飲み始めた頃には「今すぐに店に来てくださ

い」という連絡が。

　せっかく頼んだお茶ぐらい飲んでからでいいでしょとお茶を飲み干し、急いでお会計を済ませてからアップルストアに着いて言われたのは「約束の時間に10分遅れたので、受け付けられません」。何を言ってもぶっきらぼうに「並び直して」としか対応してもらえませんでした。

　仕方がなく再度列に並び、「この、朝から待たされた時間は何だったのだろう」と考えているうちに猛烈に腹が立ってきました。2度目の受付を担当した男性スタッフに、怒りで涙目になりつつ「朝の9時半からここに来て1時間近く並び、3時間後に来いと言われてお茶して待っていたら、急にすぐ来いと呼び出されたんです。でも会計に時間がかかり、急いで来たのにもうダメと言われて、並び直しているんです！」と言ったところ……「ちょっとお待ちください」と告げた彼はスタッフたちとゴニョゴニョ。そして「こちらへどうぞ」と、あっという間にサービススタッフに取りついでくれたのです。え。さっきのはなんだったの？と驚くと同時に、多分日本でこんなことがあったら、自分ははなから諦めて何も言わなかっただろうし、言ったところでこのような臨機応変な対応はなかっただろうなと思ったのです（まあ日本なら、そもそも予約時間が勝手に変わることもなかったと思いますが）。

　ルールだからと機械的にNonを言うのではなく、主張が正しければスルッと融通を利かせてもらえたり、人によっても対応がまったく違ったりするのがフランス。日本人感覚だと驚きですが、だからこそこの国では、諦めずに主張し続けることが大事なんだな、と。こんなことを日々繰り返しているうちに、最近は私も、だいぶ強くなってきたな〜と思うのです。

フランス人と連絡を取るには、メールやSMS
よりも電話が一番スムーズだったりします。

現在も付き合いがある、1ヵ月ホームステイしたロワール地方の町、アンジェのホストファミリーと。

相思相愛、
フランス人と日本人

　日本にいた頃はフリーランスに転身後、旅雑誌の編集部で働いていたこともあり、仕事で世界のあちこちに行く機会がありました。どこに行っても概ね"日本はいい国"、"日本人はいい人たちだね"と言われることが多く、よき印象を積み重ねてきてくれた先人には感謝だなあと思っていました。

　ところがイギリスに住んでみて感じたのは、イギリス人ってあまり日本に興味がないんだな、ということ。別に嫌いと思っているふうでもないけれど、手放しで褒めるわけでもない。そもそも日本に興味がないからニュートラルなのね、という印象。そしてその様子を見て、そういえばアメリカも同じ感じだったな……ということを思い出しました。

　そんな経験を経てからフランスに来たため、いかにフランス人が日本贔屓であるかを感じて驚きました。移民国家なので、初めて会う人からは大抵すぐ「どこから来たの？」という質問が飛んできますが、「日本」と言うと「おおお〜！日本！　大好きなんだよ！」というような返事ばかり。熱烈な反応をされることが多くて、最初は面食らったほどです。

　お世辞で言ってくれているのかな？　と勘ぐったこともありましたが、どうもそうではない様子。それを証明するように、ジャパンエキスポなる日本の総合博覧会をはじめ、さまざまな日本文化を紹介するイベントが毎年あちこちで行われていますが、どこもかしこも常に大賑わいです。

　アメリカやイギリスで、日本語を習っているという人には巡り合いませんでしたが、フランスではわり頻繁に出会います。言語まで勉強していなくても、日本と聞くと「日本の○○が好きなんだ」と、自分の持ちうる知識をすべて披露してくれる人もたくさんいます。

　この日本傾倒っぷりは昔からなのかと思っていましたが、実は最近のブームら

しく、20年以上フランスに住むカメラマンさんに聞いた話では、ここ10年くらいで、一気に状況が変わったのだそう。原因はいろいろあるでしょうが、あちこちで話を聞くにつけ、漫画による影響は特に大きかったのだろうなと感じます。

　私は自他共に認める漫画好きなのですが、イギリスからフランスに来て最初に感激したのは、「本屋さんに漫画のコーナーがある！」ということでした。今やフランスでは、どこの書店でもMANGAコーナーがあるほど漫画が定着しており、市場的にも日本に続き世界2位の売れ行きを誇るのだそう。地下鉄の中でも、セリフがフランス語の漫画を読んでいる人をたまに見かけますし、図書館に行っても漫画がたくさん揃っていて、「フランス語は漫画を教材に勉強したほうが上達するかも？」と思ったくらいです。

　今パリは日本食レストランもどんどん細分化が進んでおり、お寿司、お好み焼き、天ぷら、といった定番和食から、お弁当、唐揚げ、お餅専門ショップなどもあり、特にラーメン屋さんはものすごい勢いで増えています。これもやはり漫画やアニメを観た若いフランス人たちが影響を受けて「食べてみたい」となっているからだとか。そういえばアジア食材屋さんに行ったときも、マダムに「あなた日本人よね？　マキ（巻き寿司のことをフランス人はこう呼びます）を作ってと子供に言われて来たんだけど、何を買えばいいか教えてもらえる？」と尋ねられたこともありました。

　さらに最近では邦画の上映も頻繁に行われており、「この映画、もうフランスで観られるんだ！」と目を見張ることも。いろいろな角度から日本の文化が受け入れられていることをひしひしと感じられて、日本人であることを誇りに思える機会が多いのです。

　ちなみに男性目線だと何か違った印象があったりするかな？　と思い、夫に「フランス人って親日家だと思う？」と聞いてみましたが、「絶対そう！」と即答でした。曰く「もちろん漫画とかの影響もあると思うけれど、日本人とフランス人は正反対だからお互いに惹かれ合うところもある気がする」。

　確かに、私はフランス人の自由で主張するところが好きだけれど、フランス人

は「日本人は礼儀正しくて協調性があって、穏やかで素晴らしい」と口を揃えて言ってきます。それを考えると、特に憧れてやってきたわけでもないのに、気がついたら私がフランスにこんなに長く住んでいるのも、フランス人と日本人は相思相愛だから……なのかもしれません。

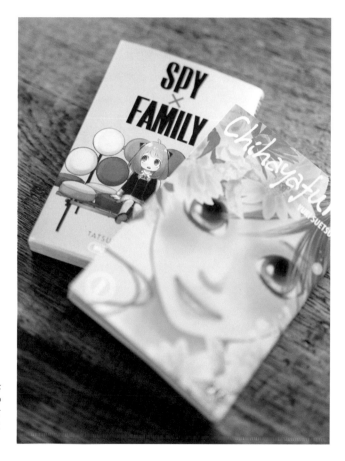

今では街の小さな書店でさえ日本の漫画を取り揃えているほど、とにかく大人気。

フランス人の考える
"フランス人"とは

　私が思うフランス人像は、"自由で、周りのことを気にせず、自分の主張のある人たち"。でもふと、彼ら自身はどう思っているのかな？　と疑問が浮かんできました。

　フランス人に日本人の印象を聞くと「みんな礼儀正しくて、よく働いて……」と絶賛してくれるけれど、日本人の誰もが同じ性格なわけではないし、本当は○○なんだけど……ということもありますよね。そこで、フランス人は自分たちをどう思っているのか聞いてみよう！　と、仲のいい友人たちに尋ねてみました。もちろん、フランス人全員にアンケートを取ったわけではないので、一部の人の意見に過ぎません。でも私的には、なるほど〜！　と感じるものがとても多い結果になりました。

　まず友人、そして彼＆彼女たちの親類から来た返事に共通していたのが「フランス人は不平不満が多い」。もれなく全員がこう答えてきたことには、思わず爆笑してしまいました。

　曰く「とにかく何があっても"足る"ということを知らない。だから常に文句ばかり言っている」。確かにそういった部分はあるようで、ロンドン在住時、皆でフランス映画を観ていたときのこと。主人公が近所の人と挨拶を交わしたのですが、そのやりとりが「元気？」「まあ、なんとかね」。それを聞いたフランス人が、「あ〜、すごいフランス人っぽいセリフ！」。イギリス人なら「元気だよ」と返すところを、"決してよくはない"という、不満めいた返事の仕方がフランス人そのものなんだ、と主張していたのを思い出しました。

　この点に関しては自覚がありつつ自己弁護もあるようで、「自由があるからこそ、思ったことをそのまま口にしてしまって失敗も多い。私たちは、よくも悪くも自分の感情に非常に正直なの」とは友人のカロリーヌ。「でもそれは自分がしてい

上｜夫の元ハウスメイトで、日本大好きな友人フィルと。
下｜仕事などを通じて仲よくなった、起業家のアレクシア（左）とライフティベロップメントカウンセラーのカロリーヌ（右）と共に。

常に明るく、会うとポジティブな気分になれる二人。インターナショナルに活躍していることもあり、俯瞰で見たフランス人観を率直に話してくれました。

　ることに信念があるし、例えば仕事などでは誇りを持っていることが多いから、ついつい本音が出てしまう」のだそう。

　他にも、フランス人のよくない部分として挙げられたのは"あまりポジティブでない"、"働かない、ぐうたらしている"など。ううむ、これまた全員とは言わないけれど、なんとなく理解できる部分もあります。

　対してよいところとして挙がった点も、みんな大体一致していました。中でも一番私が感銘を受けたのは"フランス人は日々の暮らし、人生を楽しんでいる"

という意見。「アール・ド・ヴィーヴル（暮らしの美学）という言葉があるくらいだから！」と言われましたが、自分たちをそんなふうに表現できるって、すごい！　と素直に驚きました。

　次に挙がったのは、"食べること、飲むこと、みんなで集うことが大好き"。"気前がいい"、"人を温かく迎え入れる"、"よく料理をする"という意見も。

　前出のカロリーヌと同じく大好きな友人であるアレクシアが説明するところによると「美味しいものを作って食べる、人を招くのが好きといっても、キッチンで長々と料理なんてしないの。それよりも、旬のものを使ってシンプルに。なるべく素材そのものを味わう料理を作り、皆で一緒に楽しむだけ。だから別に、忙しいなら家でなくてもいい。カフェのテラスで、風と光を感じながらアペリティフをいただく。それだけで幸せなことでしょう？」。

　この言葉を聞いて、私が好きだと思っていた"ごく自然体で、食に興味があり、旬を大事にする"というフランス人像は、やっぱり間違っていなかったのだなと、嬉しくなりました。そして自分は、家に人が来ると思うとついついお料理を頑張っちゃうタイプなので、もっとチカラを抜いて楽しめるよう、ゆるっとしたメニューを考えるべきだなあと反省してみたり。

　そんなふうに人をもてなすのが大好きなフランス人ですが、お招きされた際には守らなくてはいけない決まりがあります。それは、予定時間より少し遅刻して到着するということ。「時間ぴったりに来るゲストなんて、本当にあり得ない！」と憤るカロリーヌ。「掃除に料理に準備で忙しいでしょう？　だから、服を着替えてなかったり、キッチンが片付いてなかったりするのよ。それを見越して、10分とか15分、ちょっとだけ遅れて到着してあげるのがルールなの。私たちがルージュ・ア・レーヴル（口紅）を塗って、お客さまを迎えるための気持ちを整える時間の分、ね」

　時間に間に合ってないことも、「口紅を塗るための時間」とおしゃれな言い訳に変換できるフランス人。さすがは生活を楽しむスキルに長けている人たちだわ〜と、つくづく感心したのでした。

大好きなブロカント
ショップ・Pan Par
isのオーナー、ミレ
ーナとギヨームと。

フランス人と繋がるには、
やっぱりフランス語が大事

　フランス暮らしを始めて9年が経ちますが、相変わらず必要だなと思うのがフランス語の勉強です。フランスに住んでいれば、ペラペラになるでしょう？　と考える人も多いと思いますが、それができるのは子供だけ。もちろん大人でも語学能力が高い人はできるのかもしれません。でも普通の人がフランス人と対等に話をし、相手に理解してもらえる会話を繰り出せるようになるには、勉強を続けることが必須だと感じています。

　以前はさっぱり英語が通じなかったフランスですが、その必需性を感じて勉強する若者が増えたせいか、パリだと旅行会話程度なら、英語でなんとかなるようになってきました。とはいえ、旅をするのと生活をするのはまったく別。何か困ったとき、病気になったとき、トラブルに巻き込まれたとき、自分を守ってくれるのは言語です。以前、友人のフランス人マダムに話を聞くことがあったのですが、難しい内容をフランス語で伝えられる気がせず、英語でいい？　と聞いたところ言われたのは「いいけれど、マミコ、ここはフランスなのよ？」。

　まさにマダムのおっしゃる通りです。国の文化である言語を理解しようとしなければ、その国のことは理解できない。そして言語は、失敗を恐れて楽なほうに逃げようとすると、いつまでも上達しません。

　私は周囲から語学が得意と思われがちなのですが、自分を客観的に見ても、能力的には至極普通だと思います。フランスにだいぶ長く住んでいますが、正直今も「フランス語できますよ」と胸を張って言える日が来るのだろうか？　と遠い目になるほど。苦手意識がありすぎて、ついつい普段からフランス語を話す場面を避けていました。中でも苦痛なのが、電話。身振り手振りでの説明ができないので、言語能力の度合いが浮き彫りになるからです。見かねた夫が「自分もそうだったけど、嫌だからと避けていたら、いつまで経っても上達しない♪？　何も

考えずにパッと電話できるようにならないとダメだよ」と言ってきたほど。

そんなことわかってるし！　と思っていた頃、私の滞在許可証のことで弁護士さんに相談しなくてはならない問題が発生。もはや電話しないわけにはいきません。毎日のように事情説明をしているうちにふと、あれ？　私、電話する前に「何を言おう」と考えあぐねたり、電話することを後回しにしなくなっているぞ、と気がつきました。

もちろん外国語をスムーズに話せるようになるには慣れだけではなく、文法を理解したり、語彙を増やしたりといったことも必須です。でもこの経験を経て、正しく話そうとすることよりも、間違うことを恐れず、自分の言いたいことを伝えようとする気持ちが大事なんだなと感じました。

日本でも、外国から来た人がたどたどしくも日本語で一生懸命何かを伝えようとしてくれるのと、英語を理解するのは当然でしょうとばかりにまくし立てられるのとでは、前者の方が断然好印象ですよね。言語を理解しようと努力するのは、その文化に対しリスペクトを表すのと同じだと思うのです。

相変わらずフランス語は発展途上でしかない私ですが、自分が勉強してきた中で「これは効果があったな」と思えるのが、聞こえた内容を一言一句書き取るディクテーションと、やや遅れて一言一句繰り返して発声するシャドーイングです。どちらもリスニングと単語力が鍛えられ、ディクテーションはライティング、シャドーイングはスピーキングの練習にもなるので、フランス語に限らず、語学を勉強している人にはぜひ試してみてほしいなと思います。

それ以外で私自身が続けているのは、散歩やお買い物に出かける際に、ポッドキャストでFrance infoのニュース討論や、France interの19時のニュースを聞くこと。ぼやっと聞いているだけですが、聞かないよりはずっとためになっている感じがしています。

フランス語の本を読むのもおすすめです。どんな言語でもそうですが、勉強のためなら、本は辞書を引かずに、絶対そのまま読み進めること！　「それじゃあ内容がわからない」と言う人もいますが、辞書を引いていると、本の面白さが半

最初はさっぱりわからなかった仏仏辞書。この頃やっと、使えるように。

減して続かなくなってしまいます。内容がわからないのは、自分のレベルにその
本が合ってないから。もう少し簡単で、でもグイグイ引き込まれるような本を探
しましょう。サスペンスなど、先が気になる本がいいです。これは、私自身が英
語を習得する際に役立ったと感じ、フランス語の語学学校の先生からも勧められ
た方法なので、間違いないと思います。

友人フランス人たちが独断と偏見で選んだ
訪れるべきフランスの地 BEST 3

友人たちとその親族によるランキングなので、大いに偏ったリストになりましたが（笑）。
「すごくいいから！」と熱意を持っておすすめされた場所を、カテゴリー別にご紹介します。

No.1

海辺の街
Stations balnéaires

フランス人は海が大好き！ 中でもカンカル
（Cancale）は水が綺麗で海岸も素敵と、
複数の人から推薦がありました。サンマロ
（Saint-Malo）やモン・サンミッシェル（Mont Saint-Michel）もぜひ行くべきだそう。

No.2　南仏の小さな村
Petits village du Sud

海辺の街が有名ですが、山の中の小さな村も美しいとこ
ろが多い南仏。フランスの最も美しい村のひとつにも選
ばれているルルド（Lourdes）、ルランス（Relances）、
バラズック（Balazuc）などを特におすすめされました。

No.3　美しい島
Belles îles

海外領土を含めると、実は数多くの島があるフランス。
名前が多く挙がったのはやはりコルシカ島（Corse）で「シャ
ルキュトリーが美味だから行って食べるべき」だそう。
牡蠣とサイクリングで有名なレ島（Île de Ré）も人気。

友人フランス人たちが独断と偏見で選んだ
絶対食べるべきフランスの美味しいもの BEST 5

わかりやすいフランス料理ばかりが挙がるかと思いきや、「そう来たか！」というような意外なものも。
私自身は1位に納得、鴨大好きな夫は2位の結果に大いに賛成とのこと。

No.1 旬のもの
Ingrédients de saison

「マルシェでおすすめしてもらった旬のものが最高。私はお魚や貝も、その時季のおすすめを聞いて買うわ」とは友人であるアレクシアの言葉。他にも、夏のメロンや桃、といった旬のフルーツは間違いない美味しさだそう。

No.2 鴨のコンフィ、鶏の煮込み
Confit de canard, Poule au pot

南仏出身の友人おすすめで、ケルシー（Quercy）名物の鴨のコンフィ。同じく鳥系で17世紀にアンリ4世が「すべての農民が鍋に入れられるようにしたい」と唱えたという伝統料理プール・オ・ポ（鶏の煮込み）も。

No.3 ステックフリット
Steak frites

フランスの名物といえば赤身ステーキにポテトと思う人も多いと思いますが、実際おすすめに挙げる人が多かったメニュー。カフェでも食べられるけれど、「絶対にステーキは、専門店で食べるべき。美味しさが全然違うから！」と力説されました。

No.4 シンプルな食材のもの
Cuisine simple

例えばブルターニュのいいバターとハムを挟んだジャンボン・ブール（ハムとバターのサントイッチ）、シュクリュムッシューなど、いい食材を使ったものならば、やはりシンプルなものが一番美味しい！との意見多数。

No.5 卵料理
Plat aux œufs

フランスは卵料理の種類が豊富で、好きな人も多い様子。中でもおすすめとして挙がったのは、トロトロの質感が美味しいウフ・ココットや、秋の味覚セップ茸入りオムレツ。「絶品だから食べて！」とのこと。

Chapter 3

小さいながらも心地よくしてます

パリの我が家へ
ようこそ！

上｜オスマン建築のアパルトマンが
立ち並ぶパリの街並み。右｜パリに
来て最初に住んでいた15区の家。
家が気に入っていただけでなくエリ
アも便利で、非常に快適でした。家
賃の問題さえなければずっと住んで
いたかったほど。

パリなのに、
普通の家に暮らすワケ

　パリの住宅と聞いたら、大体の方は壮麗な石造りのアパルトマンを思い起こしますよね？　私もパリ移住を決めた際は、オスマン建築と呼ばれるおしゃれなアパルトマンに住みたくて、毎日不動産情報サイトを調べまくり探しました。その甲斐あってパリに来て最初に住んだのは、築100年という古い物件。もともとは大家さん自身が住んでいたこともあり、とても機能的かつしっかり手入れされた居心地のいい家でした。

　おかげで、誰が遊びに来ても「素敵！」と言ってもらえる自慢の家だったのですが、1年程度で退去。理由は、家賃が非常に高かったからです。パリに住んでみると、我が家はおしゃれかつ快適なぶん相場に比べてかなり強気の家賃設定だったことが判明。気に入ってはいたものの長く払い続けられる金額ではなかったため、泣く泣く引っ越しました。

　次に入居したのもオスマン建築でしたが、そこでこの古い様式のアパルトマンは、見た目には素敵だけれどメンテナンスしていないと住むのは大変だということがわかってきました。入居した家は窓やドアがきっちり閉まらないので、冬はあちこちから隙間風が入りまくり、天井が高いのでなかなか部屋は暖まらず、毎月の暖房代がべらぼうに。建物自体が古いので、水回りのトラブルなどもしょっちゅうでした。

　また、オスマン様式の小さい部屋だとお湯はタンクに貯めた水を温めて使う昔ながらのシステムを採用しているところも依然多く、知り合いの家がまさにそれでした。シャワーを浴びるのにも温度調節が外にあるタンク部分でしかできないため、「段々お湯が少なくなって温度が下がるから、熱め設定にするほうがいい」と言われて入ったところ、「アッチ！　アチ！」と火傷しそうになりました。

　さらに知人からは恐ろしい話も聞きました。彼女の友人のアパルトマンはトイ

オスマン建築では3階が
貴族フロアとされ、他階
より天井も高く広々とし
た造りになっています。

レとお風呂の下水が直結していたため、別の部屋の住人がトイレの水を大量に流
した際に、その友人のお風呂に下水が逆流して流れ込んだのだそう。「絶対に自
分のではないサイズのものがプカプカ浮いてたんだって」。そんな身の毛もよだ
つホラーがこの国ではあり得るのかと、本当に戦慄しました……。

　もちろん、裕福な方々が住んでいるオスマン様式の家はしっかりメンテナンス
されていて快適なのでしょうけれど。古いものを維持するには、やはりお金と手
間が必要なのだな〜と身に染みました。

　そんな現在の私の家はというと、近代建築と呼ばれる比較的新しく建てられた
アパルトマンです。そうはいっても1960年代なので、日本で考えればまったく
新しくないですが、100年以上前の建物が多く残るこの国では充分モダン。

天井も高くなく、床材も普通。ごくごく一般的な近代建築物件です。

　実のところ、最初に内見をした際はすぐ「ここはないな」と思ったのです。オスマン建築ではなかったし、我が家は家具付きタイプの賃貸なのですが、備え付けの家具も正直私の趣味ではなかったから。でも夫は「あんなに窓から光がさんさんと入る家、パリではなかなかないよ。冬が長くて暗いパリで明るいことは大事。それに家具は替えればいいから、自分たちで可愛くすればいいよ」と、私を説得にかかったのでした。

　おしゃれじゃないのになあ……と当初は可愛くなるのか半信半疑でしたが、住み始めてみると、なんと快適なことか。近代建築の建物はセントラルヒーティングが多く、我が家もそうですが、家のどこにいても暖かく、かつ電気代は管理費に込みとなっているので本当に助かっています。

おしゃれじゃないなと思っていた箇所も、自分たちでトイレの壁は白く塗り（元は全面黄色だったのです！）、便座をシンプルなものに替え、リビングルームのブラインドは外して好みのカーテンを吊るし、壁に棚を取り付け、平凡なライトを蚤の市で買ったシャンデリアに替え……と手を加えまくったら、なんだか自分なりの可愛い家に。気がつけば5年以上もここに住んでいます。

　大体、いくらオスマン建築の素敵なアパルトマンでも、中にあるインテリアがイマイチだったらパッとはしないはず。そう考えたら、住まいの素敵さは建物じゃないのかも。そう理解できたのが、パリらしいオスマン建築から離れてみたことで得た一番の収穫かもしれません。

プロカントショップで見つけ、電気屋さんにお願いして取り付けてもらったグリーンのシャンデリア。

家具がアンティークなら、
普通の家でも味が出る

　フランスで賃貸の家を借りる場合、日本と同じように家具のない物件と、家具が備え付けられたタイプの物件というのがあります。家具付きの場合はテーブルやソファ、ベッド、テレビ、冷蔵庫といった大きな家具や電化製品はもちろん、お皿やリネン類など生活用品一式が完備。滞在が数年と短い留学生などにとっては家具を買わずにその日から生活を始められるので、とても便利なのです。私もパリに来る際の家選びは、迷わずこのタイプにしました。

　ただし家具付きは便利で楽ちんですが、自分好みの家具や生活用品を揃えられないのが悲しいところ。大体の場合、家具といっても低価格アイテムがほとんどですし……。もうだいぶ長いことフランスに住んでいるので、自分好みの家具を買い揃えたいなと思うのですが、家具なし物件は家具だけでなく、場合によってはガス台やシンクなども新しく購入する必要があるなど、なかなか大変。日本のように安い業者もあまりないので、引っ越しも楽ではありません。結局、「次こそは家具なしで！」と思いながら、今もまだ家具付き賃貸の家に住んでいます。

　そして我が家は前項で述べたように日本の建物に近い、ごくごく普通のアパルトマン。備え付け家具はどう見ても低価格家具店のものだし（それもわりとガタが来ている）、入居当初、家具についてはお手上げだと思っていました。そんな我が家のインテリアの転機となったのが、アンティーク食器棚との出会いです。

　お料理が趣味の私はついついお皿を買い集めがちなのですが、いつしかキッチンの小さな吊り棚には収納しきれなくなってしまいました。食器棚なら、買っても次の家に持っていけばいい……と、探しに探したものの、この国で売っているのは大抵大きくて、重厚感のある食器棚ばかり。

　やはりもう少し広い家に引っ越すしかないのかなあと諦めかけたとき、ふらりと訪ねたアンティークショップで見つけたのが今我が家にある食器棚。探してい

食器棚とテーブル
を替えたことで、
雰囲気が一変し
たリビングルーム。

食器棚の中の食器は仕舞い込むのではなく、どれもすべてデイリーに使っています。

たサイズよりは高さがあるし、色はオフホワイトに塗られている。ちょっと理想とは違う……と思ったものの、この奥行きの浅さはそうそう見つからないだろうと購入を決意。ちなみにこういった奥行きのない食器棚は、日本のアンティーク品バイヤーさんがどんどん買い付けていってしまうので、フランスではあまり流通しておらず、日本のほうが見つかるそう。

　家に運び込まれてみると、奥行きはなくても背丈があるので存在感がある。俄然リビングの主役に躍り出ました。実は食器棚と一緒に思い切ってダイニングテーブルも購入したのですが、この２点をダイニングエリアに設置した途端に雰囲気が一変。テーブルは前あったものと取り替えただけですが、リビングルーム全体が見違えるように、フランスアンティークっぽいしつらえになったのです。実際やってきた友人たちが異口同音に「すごい変わったね」と感想を伝えてくれたところからしても、家具ひとつ（ふたつ）で印象とは大きく変わるものなのだなと実感しました。

　食器棚とテーブルで我が家のインテリアの方向が決まってからは、アンティークな印象の椅子や小物などを少しずつ揃えていきました。もともとある家具をこれ以上替えるのは無理があるので、ソファ、コーヒーテーブル、テレビ台などは、いまだにずっとそのままです。それでも、ふたつのアンティーク家具と小物のおかげで、入居当初とは比べ物にならないくらい自分好みになったことは確か。賃貸マンションでも、できることはいろいろあるものですね。

　ところで、それまであったダイニングテーブルと椅子はどうしたかというと、捨てるわけにもいかないので、地下倉庫に保管してあります。この家から引っ越しする際は、あのテーブルや椅子をまた出してきて、組み立て直さなくてはならないのかと思うと、やや辟易した気持ちになりますが……。

好きなものを好きなように。
インテリアはシンプルじゃなくていい

　我が家のYouTubeチャンネルの中でも特に人気があり、多くの方に視聴していただいているのがフランス人宅のルームツアーです。最初は仲よしの友人、カロリーヌの自宅を見せてもらったのですが、その後は、カロリーヌの友人の自宅、その友人の知人の家、その知人の知人の家……と拡大。もはや今では「突撃！隣の晩ごはん」ばりに知らない家にお邪魔し、それがきっかけで知人が増えているほどです。

　そのように友人宅はもちろん初めてのおうちまで、あれこれバリエーション豊富にフランス人の家を見てきたつもりですが、今のところ「わあ〜、シンプルですっきり、モノが少ないうちだわ〜」と思ったことはほぼありません。大体の場合は正反対の、ぎっしりモノがいっぱいの家ばかりです。それは、庶民的な家庭であろうと、お金持ちの家であろうと変わりません。

　どんなモノが多いのかというと、大体の場合はその人が好きだったり集めていたりするモチーフやコレクションアイテムです。「私は魚座だから、魚のモチーフを集めていて」とか「スマーフ（漫画のキャラクター）が子供の頃から大好きなのよ」と言ってコレクションルーム（！）があったり。某おしゃれブランドの社長さんの豪奢な家にも、キューピー人形のコレクションがありました（他のインテリアはオークションで購入するような高級おしゃれアイテムばかりだったのにもかかわらず、です）。

　祖父母の家からもらってきた家具とか、義理の家族の家から譲られた小物など、家族に伝わる古いモノも一家にひとつ以上はあることが多いです。だからといって常に高価な家具というわけではなく、素朴だけれど、家族が使ってきた思い出やぬくもりが感じられるものばかりで、古いモノを大切にする風習を羨ましく感じました。

上｜子供の頃の趣味が再燃し、収集しだしたミニチュア。下｜インテリアに遊び心を加えてくれる動物アイテムもあちこちに。

気づけばすっかり
ものが増えたけれ
ど、どれも愛着が
あり手放せません。

そんなフランス人のおうちは当然ながらどこも、唯一無二のたたずまい。多分、クローズアップの写真を見せられて「ここは誰のうちだ!?」と尋ねられても当てられる気がします。だってどの家も、隅から隅までその人の個性が出まくり！ですから。好きなものをたくさん集めて好きなように飾る。それこそが、自分らしいインテリアを作る基本なんだな、と感じました。

　その気づきによって、なんだかお墨付きをもらったような気分になったのかもしれません。いつしか我が家にも、アニマルモチーフのアイテムが着々と増えておりました。きっかけはやっぱり、蚤の市です。鳩の置き物を見つけ、可愛いなと思ったものの、こんなものどうするのだろう、と一瞬躊躇しました。ところが夫に聞いてみると「そういう個性のあるアイテムを揃えていくことで、自分らしいおしゃれ感が出るんじゃない？」と。

日本からのもの、旅先で買った品……個々にはバラバラでも、集めてみると不思議と共通点か。

フォトグラファーの夫は私より長くフランスに住み、そして仕事でおしゃれな人の家の撮影にもよく行っていたので、そういった例をよく見てきたようです。なるほどね、と背中を押してもらって、その鳩を買いました。帰宅して飾ってみたら……「あら、いいじゃない！」。横にお花を飾ると、さらに愛おしいスペースになりました。確かに、実用度で言えばゼロです。いや、邪魔なだけマイナスかも？　でも、そこにあるだけで気持ちをぐんと楽しくしてくれるのが、自分の好きなものの威力なのだなと思いました。

　少し前に我が家のインテリアについてのインタビューをしていただく機会があったのですが、「その場ではいいと思ったのに、家に持ち帰ったらイマイチ合わないなど、インテリアの失敗が多い。どうしたらうまくいきますか？」という質問を受けました。で、私が思ったのは「もっとモノを追加すべし」ということ。

　なぜなら、いいと思ったのなら好きなもののはずですし、持ち帰ってみると他と合わないというのは、そのいいと思ったテイストのものが足りてないため、他のテイストの中で浮いてしまったのでは？　と思うのです。ならば、各テイストのものをそれぞれ増やしてグループを作ってしまえばいい。1点ずつだと相反するとしても、グループ内でならしっくり馴染むはず。そしてそんなグループが混在する家こそ、その人らしい「個性」ある家となる気がするのです。

　まあ、そうは言っても私もずっと試行錯誤中です。例えば、自分の好きなものは決まって揺るがなくなったけれど、夫の好きなものは私の好きなものとは当然違うわけで……。なんとかうまく、ケンカしないで、融合できる方法を日々考えています。

コーヒーテーブルの上には、キャンドルや小物入れなど置いて賑やかに。

壁を楽しめたら、
部屋はぐっと自分らしく！

　我が家のリビングルームの壁には、ほぼ全面が窓である東側以外すべてに、絵
や写真、各種オーナメントなどが飾ってあります。玄関には大きなイラスト、寝
室にも夫が日本から持ち帰ってきた絵があり、ものを飾れるほどのスペースのな
いキッチンとお風呂場、トイレを除く我が家の壁はほぼすべて、何らかのアイテ
ムで覆われているということになります。

　引っ越しをした当初は、ソファのある壁に、私が以前に蚤の市で購入した版画

パリらしいイラストのポスターやカードが揃っているギャラリーショップ。

や夫の写真作品をプリントして額装したもの、フランス人アーティストの作品などをまとめて飾ってあるのみでした。

　賃貸物件なので、退去する際の現状復帰を考えると、それぐらいが限度かな、と思っていたのです。ところがある日、蚤の市でなんとも味のある飾り棚を発見。しばし夫と「これがあったらいいね」「でも、穴を開けないといけないでしょ？」「フランスは賃貸でも、退去時に埋めれば壁に穴を開けても大丈夫と不動産屋さんに言われたよ」という会話をし、結局その棚を購入しました。

　そうはいっても日本の賃貸物件に長く住んでいた私は、もちろん退去の際には直すにしても、咎められたらどうしよう!?　と、大家さんが来るたびにドキドキしていたのです。ところが棚を見た彼からは「おお、素敵だねえ～！　退去で撤去する前には教えてね、写真を撮りたいから。それを使って募集をしたほうが、次の人が早く決まりそうだからね！」なんていう返事が。大家さんにもよると思いますが、その合理的な考え方に、ものすごく心が軽くなったのです。おかげで、それ以外の壁にもアートをいろいろ飾ろうという動きが加速してしまいました。

　ここでお断りしておきたいのですが、"アート"と言っても、我が家にあるもので高値売却できそうなものはほぼありません。いや、もしかしてずっと先の未来には、その素晴らしさにみんなが気づいて値段が上がるかも!?　と思いたいものもありますが……手元に置いている最大の理由は、それがあることで自分がハッピーに感じられるからです。

　あり得ない例ですが、例えばアート作品として傑作なピカソの『ゲルニカ』が家にあっても、私は特にピカソの大ファンなわけではないので、その絵を見て毎日幸せな気分にはならないでしょう。価値があるから飾るのではなく、自分が好きで、愛おしいものならば、どんなものでもいいと思うのです。フランス人の家に行くと大概、子供が初めて描いたという、もはや抽象画でしかない絵や、家族の写真が壁にたくさん飾られています。それを見るたびに、このおうちの時間を切り取った、この家だけの素晴らしいアートだなあ！　と、感じます。

　他にも、日本や中国などアジア文化が大好きな友人の家には、書の額が飾って

あったり、旅先で見つけた絵を飾っている人も。家具や家電などのように必要に迫られているものでないからこそ、壁を飾るという行為にはその人のパーソナリティと生き方が表れ、それによって唯一無二の、その人らしいインテリアが完成するのだなと思いました。

そうは言っても、日本の賃貸マンションなどでは難しい……と思われる方もいらっしゃるかもしれません。私も日本にいたときは、壁に穴は開けられないからと、棚の上にイラストを立て掛け、壁にすでに取り付けられてあったワイヤーに吊るして絵を飾っていました。

ですが今は、貼って剥がせる便利な接着剤や粘着フック、さらには剥がせるシール壁紙まであると聞きました。そういったものを使えば、壁を傷つけることなく絵を飾ったり、壁のイメージを変えたりすることができますよね。また、イーゼ

左｜ソファ側の壁には、夫の作品である写真や古い版画などを飾っています。右｜玄関前の壁には、昔から好きなコンソールテーブルを配置。色が気に入って購入した版画をその上に。

ルや飾り棚を置いてその上にアートを飾ってみるなどの工夫もありだと思います。

　しかしながら、壁を飾るというのはどこか中毒性があるようで、どんどんエスカレートしかねないのでご注意を。現に私は、アートを飾るだけでは飽き足らなくなってきていまして……。

　目下の夢は、いつか自分で好き勝手ができる家に引っ越しをし、ブルーグリーンやスモーキーピンクのペンキを上3分の2に塗り、残った箇所にはウィリアム・モリス的な壁紙を貼った壁のある部屋をつくることです。お風呂の壁には、色とりどりのタイルを貼ったりしても可愛いかもしれない……そう考えるだけでも、ついワクワクしてしまうのです。

面積が大きいベッドカバーは明るい色柄にし、強めの色は小物で選ぶとまとめやすく。

色柄をインテリアに取り入れるなら、
ファブリックで

　ロンドンに住んでいた頃、インテリアデザイナーさんのお宅へ取材に行く機会がありました。決して広い、とか豪華、というのではなかったのですが、さすがはプロのおうち。可愛いインテリアに、思わず「わあ！」と声が出てしまったほど素敵でした。

　まだ若いデザイナーさんだったこともあり、一見高級そうな家具だと思ったら、実はIKEA製品に自分でペンキを塗ったものだったり、シンプルなたんすは取っ手をプレーンなものからクラシカルでおしゃれなものに交換していたり、フェイクファーラグを椅子にあしらってカバーにするなどいろんな工夫がされていて、「アイディア次第でこんなにおしゃれにできるんだな」と感心しました。

　なかでも「なるほど！」と膝を打ちまくったのが「色や柄はもっと遊んでいい」という彼女の理論。曰く「私のクライアントさんたちにも常に伝えていることですが、ほとんどの人はインテリアに色や柄を取り入れることを恐れすぎなんです。チグハグになるとか、統一感がなくなると思われるようですが、たくさんの要素を取り入れても意外とまとまるんですよ」。

　確かに彼女の家は色と柄に溢れていました。リビングの壁は淡いグリーン、戸棚はブルーグレー、カーペットの色は満艦飾という言葉がふさわしいぐらいに華やかなもの、ランプシェードは花柄……。こう聞くとすごく派手そうな家に思えますが、実際はエネルギーを感じつつもとても居心地のいい家だったのです。

　色と柄を楽しむインテリアは素敵！　といたく感激したものの、当時もパリに来てからも、私の住まいはずっと家具付き賃貸。自分好みの色柄アイテムを取り入れる隙間もないなあと、諦めていました。

　そんな制約のある我が家に変化が訪れたのは、クッションを購入したときです。私は昔からクッションがなぜか好きなのですが、以前は馴染みやすそうなベージュ

左｜最近購入したVilla Gypsyのクッションは、色といい刺繍といい可愛くてソファコーナーのいいアクセントに。右｜手作りしたカーテンには、20代の頃購入したタッセルをあしらって。

系のものばかり選んでいました。ある日、マドレーヌ寺院近くを歩いていると「閉店セール」を掲げているインテリアショップを発見。入ってみると、華やかな色、動物モチーフのクッションが大量にかごの中に投げ入れられており、値段はなんと70％オフ。まあこの値段なら失敗しても悔いないだろうと、いくつか購入したのです。

　家に戻って置いてみると……あれ、ソファ周りが一気に華やかになったではないですか。動物モチーフのものは、正直クッションとしては小さすぎでしたが、アクセントとして置いてあるだけでも可愛い。あまりに気に入り、翌日また同じ店に行き、さらなるクッションを買い足したほどでした。

　このクッションでの成功体験から、色柄ファブリックに目覚めた気がします。窓には以前ブラインドが取り付けられていましたが、これを取り外して手作りしたカーテンを設置。これは生地屋さんで見つけた素敵なモチーフと色の布を購入し、端を縫っただけなのですが、やや事務所的だった窓の様子が一変。何もなかったテーブルの下にもキリム絨毯を敷いたところ、ダイニングエリア全体がぐっと暖かみのある雰囲気に変わりました。

ただし、いくらカラフルがいいと言っても、赤などの強い色を全面に使ってしまうと馴染ませるのが難しいので、注意が必要かもしれません。先日ベッドカバーを替えたくて、レンガ色に近い赤がベースの花柄プリント布を購入。夫と二人で「この赤の色、すごく綺麗だよね」と絶賛して持ち帰ったのですが……いざベッドに広げてみると、赤の色が主張しすぎるのです。寝室はリラックスする場所なのに、これじゃあ全然落ち着けない！　となり、結局返品交換する羽目に。

　我が家のリビングルームにある2枚のカーペットにはどちらも赤が使われていますし、赤色をインテリアに取り入れることに抵抗がなくなっていましたが、さすがに強い色の場合は量を控えめに、場所をわきまえるべしと学びました。

　ただそんな場合でも、家具と違ってファブリックは返品もたやすいのがよいところ。家具を購入するときほど懐も痛まず、大きな決断も要りません。そして使わない場合はしまっておけますし、素材選びで季節感を楽しむことも可能。インテリアのセンスを磨くには、最適なアイテムだと思うのです。

Shop Data

インテリア雑貨を買うならここ！
Villa Gypsy （17区）
ヴィラ・ジプシー

旅がコンセプトのセレクトショップ。店内にはオーナーが世界中を旅して見つけてきた可愛いライフスタイル小物がいっぱい。喫茶コーナーもあり、のんびりお茶やランチを楽しむこともできます。
https://villagypsy.fr/en/

カゴ天国フランスで買い揃えた
カゴあれこれ、私的活用法

　カゴ、と呼ばれるものに目がありません。思い返してみれば、このカゴへの執着という病、子供の頃から初期症状がありました。例えば、赤毛のアンに憧れていた小学生の頃のこと。ピクニックバスケットが欲しくてたまらなくなり、内側に赤白のギンガムチェックの布が張られた小さなバスケットをしつこくねだって買ってもらいました（実際にはピクニック用には小さすぎ、裁縫箱として使ってましたが）。

　大人になってからも、出張でバリ島に行ったときは、「アタ」と呼ばれるカゴ製品を見て狂喜乱舞。小物入れにティッシュケースに、ゴミ箱になるような大きなカゴまで持ち帰り、友人から「業者ですか」と呆れられたほどです。

　それでいてまったく、自分がカゴ好き病にかかっていることを自覚していませんでした。だって女の人は大概みんな、カゴ好きですよね？　夏になれば誰もがカゴバッグを持って出かけていますし……。「みんなと同じくらいにカゴが好き」、くらいの認識でした。

　ところがフランスに住むようになってから、カゴ執着病が完全に重症化してしまいました。なぜならばこの国は、カゴ天国だから！

　お買い物には老若男女がカゴバッグを持参し（たまに籐で作られたカゴカートを引いて歩いている強者もいます）、どこの蚤の市に行ってもさまざまなタイプのカゴが売られています。365日カゴ欲を刺激される環境であると言っても過言ではありません。

　最初にときめいたのは、マルシェカゴバッグです。文字通り、マルシェに行くときに使う、ハンドルと縁が革張りになっているもの。パリに来た最初の1ヵ月はAirbnbのような宿に仮住まいをしていたのですが、その家のキッチンにも無造作にマルシェカゴバッグが置かれていて、「フランス人にとってはこのバッグ

近所の森でピクニックするときも、カゴにあれこれ詰め込んで出かけます。

で買い物がデフォルトなのね！」と目がくぎ付けに。気がつけば大きなマルシェ
カゴバッグはもちろん、中が見えないよう内布がついた普通のお出かけ用バッグ
の中＆小まで揃えていました。

　さらにカゴそのものをせっせと購入するようになったのは、蚤の市に行くよう
になってから。最初は「可愛い！」という感情だけで買っていましたが、段々と
置き場所に困るように。でも、本来カゴはものを入れるためにあるのだし、ちゃ
んと活用しよう。そう考え直してみたら、実はものすごく便利なアイテムである
ことに気づきました。

　まず、それ自体が可愛いので、部屋のインテリアとして置いておいても違和感
なし。上から布をかけて目隠しすれば、細々したものを収納しても雑然となりま
せん。我が家では、薬にお菓子、電気コード、掃除機のパーツ、お客様用スリッ

特に旅行で活躍するマルシェカゴバッグふたつと、夏のお出かけに万能な刺繍入りカゴバッグ。

パ、ドライヤー、香水、リモコン類、猫（は自分で勝手に入るだけですが）など、なんでもかんでも入れています。

そして蚤の市で買ったカゴは一度洗うようにしています。蚤の市だと、カゴは道にそのまま置かれて売られていることが多いですし、ホコリだらけだったり、なかなかにバッチイ。なので家に持ち帰った後は、シャワーで流してから、全体にタワシブラシをかけ、もう一度水洗いし、ベランダで乾かします。

時々「カゴって洗えるんですか!?」と質問を受けるのですが、ヨーロッパは乾燥しているので、今のところカビたりしたことはありません。日本の場合は最後にドライヤーでしっかり乾燥させるほうがよさそうです。また、水で流している間に色が落ちてくることもあるので、高価なものの場合は避けたほうがいいかも

しれません。

　蛇足ですが、カゴ天国のフランスでは、カゴのお祭りがあちこちで開催されており、特に南仏のヴァラブレーグという小さな村のお祭りはとても有名です。村の伝統工芸としてカゴ作りが盛んだった歴史から、夏のフェスティバルでは村人たちが伝統衣装をまとい、手作りのカゴを持って歩くパレードや、さまざまなカゴが販売されるカゴマルシェまであるそうで、もはやこのカゴ祭りに行かずして死ねない！　という気持ち。ここ数年は開催中止となっていましたが、次に開かれるときは絶対行かなくては、と思っています。

上｜洗ってベランダで干しているカゴ類は、もれなく猫チェックが入ります。左｜夫が見つけてきたトランク型カゴは、気がつけばくるみのデイベッドに……。

花を飾るときに必要なのは、茎をバッサリ切る勇気

　パリに暮らすようになってからお花を飾ることが日常になったものの、生け花やフラワーアレンジメントといったお花のレッスンを受けたことはないのです。ですので、上手に生けるための花選びだとか、花と花瓶のボリュームバランスといった専門的なことはプロの方に聞いていただくとして、ここでは初心者でも上手に花を飾るための、我が家流テクをご紹介します。

　「お花を買ってもうまく生けられない」という声をよく聞きます。私も昔は、お花屋さんで1束1000円なんていうものを買って生けてみても、イマイチうまくまとまらない、と感じることばかりでした。やっぱりお花屋さんの素敵なブーケのようにするには、お金をかけないと無理なのだろうな……と。

　しかし習うより慣れよとはよく言ったもので、花を毎週買うようになって、あれこれ試しているうちに、なんとなくコツがわかってきました。私が思う一番大事なポイントは、"思い切って茎をバッサリ切る勇気"です。

　そんなこと？　と思うかもしれませんが、私が今まで見てきた残念な例の多くが"買ってきたそのままの茎の長さで生けて、バランスが悪い"状態のもの。かくいう私も、切ったらもう戻せないから……と以前は躊躇していました。

　でも毎週買っていると、「まあ切りすぎても、来週にはまた違うお花だし」という気持ちになり、段々と思いきりよくカットするように。すると、ちょっと短くしすぎた？　なんて場合でも、すっきりまとまってくれることに気づいたのです。

　一般的な生活をしている私たちが持っている花瓶は、大概それほど大きくなく、コンパクトなことが多いですよね。でもお花屋さんで売っている花は、いろいろな場面を想定しているからか、茎は長く保たれている。だからこそ、手持ちの花瓶のサイズ感に合わせて茎をしっかりカットするのが必要なのです。

　「でも最初から茎の長さを花瓶にぴったりにしてしまうと、毎日茎を切っている

赤、青、ピンク……とカラフルで愛らしいアネモネは、大好きな春の花。

YouTubeの視聴者さんが「お庭で取れるので」と毎シーズン贈ってくださる、美しい花束。

上｜どんより暗いパリの冬を明るくしてくれる、ポンポンが可愛いミモザ。右｜茎が長い小花の場合は、高さのある花瓶にいれるとスタイリッシュに見せられる気がします。

うちに、短くなりすぎるのでは？」と思うかもしれませんが、残念ながら大体の花は、切りすぎて困るほど長持ちしないことがほとんど。お花屋さんで見ても、可愛いブーケは小さくまとまっていることが多いですよね。高さが出ると格好いいけれど、そのぶん難易度も高くなるので、お花初心者ならばなるべく低くまとめるのがおすすめです。

　そして花を素敵に見せるには、当然ながら花瓶選びも大切です。私はマルシェで買ってきた2〜3種類の花をアレンジすることが多いため、口が広くゆったりした花瓶のほうが、使いやすいなと感じています。口が小さいタイプは見た目には可愛いのですが、いざお花を飾るとなると量が入らないので、バランスを取るのが難しい。口が広いタイプなら、ボリュームのあるブーケはもちろん、数本しか花がない場合でも、片側の縁に寄せれば、なんとなくサマになります。

　花の種類はもちろん自分の好きなものを選んで飾ればいいですが、できれば花と一緒に購入したいのが、葉もの。花だけでアレンジしようとするとなかなかバランスが難しいけれど、グリーンが加わると目先が変わり、ぐっとまとめやすくなるからです。

ただグリーンは、ほんの数本あればこと足りるんですよね。「これだけのために、葉っぱを1束買うのはもったいないなあ……」と考えるうちに、そうだ、ベランダ栽培しているジャスミンや、室内栽培しているアイビーの先端部分をカットして添えればタダだわ、という技を思いつきました。

　特にアイビーはとても丈夫で、暑さ寒さや乾燥にも強く、水耕栽培でもグングン元気に育ってくれる、素晴らしい植物。我が家ではアイビーの鉢植えを食器棚の上に置いて、上からたらすように育てていますが、長くなりすぎた先端はどんどんカットして、一輪挿しに入れて水耕栽培にしています。

　そして葉もので いいものがない場合は、これを取り出してお花のアレンジにプラスするのです。

　水耕栽培して根っこが生えているので、お花を替える際はまた一輪挿しに戻せばよし。もちろん鉢植えにすることもできるので、さらに増やして無限アイビーにすることも可能です。あまりにも役立つ植物なので、一家に一鉢をおすすめしたいほどなのです。

Shop Data

インテリア雑貨を買うならここ！

Les Fleurs （11区）

レ・フルール

植物からキッチンアイテム、アクセサリー、ブロカント家具や小物まで揃っているインテリアショップ。まるでパリジェンヌのアパルトマンを訪ねたかのようなディスプレイも素敵で、鉢植えやお花の飾り方の参考にもなります。

https://www.boutiquelesfleurs.com/
boutiques/trousseau/

お皿はセットでなくてもいい。
私はミックス主義です

　我が家のYouTube動画を観て下さった方、特に海外の方から驚かれるのが"お皿をセットで使わない"こと。手持ちのお皿を確認してみたところ、確かに我が家にあるお皿できちんと数が揃っているものは3種類ぐらい。残りのお皿はどれも、揃っていて3点、または2点程度。1枚だけのお皿もたくさんあります。

　実は日本に住んでいた頃は、普通に揃いのお皿を購入していたのです。友人を招いてご飯会をすることも多かったので、一人暮らしだけれど手に入る場合は6枚セットで買っていました。なぜ6枚かというと、当時持っていたテーブルには6脚椅子があり、6人でご飯を囲むのがちょうどよかったから。つまりその頃は私も、"器はセットで揃えるもの"と、疑っていませんでした。

　そこにこだわらなくなったのは、フランスに来て、蚤の市でお皿を買うようになってからです。当然ながら蚤の市で売っているのは、古いものばかり。欲しいなあと思っても、2枚、または1枚だけしかないこともざらです。

　もちろんセットになっている場合もありますが、レアなぶん値段も大概高値です。せっかくフランスに住んでいるのだし、見つけるたびに買うようにすれば、そのうちセットになるかもと考え、好きな柄のお皿は1枚でも購入するようになりました。

　しかし毎週ブロカントに通っているわけでもない素人の私に、そうそう同じお皿が巡ってはきません。さりとて、1枚だからと買ったお皿を放置しておくのももったいない……。仕方がなく、相性のよさそうなお皿同士を組み合わせて使うようになりました。

　ところがいざテーブルに置いてみると、違う柄のお皿も、中にあるお料理が一緒のせいか、意外と違いが気にならないことを発見。それどころか、色々な柄や色が入って、テーブルがすごく華やかになるのです。

お皿もナプキンも
バラバラ。でもゲ
ストに「楽しい！」
と思ってもらえれ
ばそれで充分。

実はこのように違ったお皿を混ぜて使うことは、最近のパリのレストランで流行中のスタイルでもあります。数年前からタパス料理（スペインのバルなどで供される小皿料理）が人気なのですが、小皿料理をシェアして食べるので、セットのお皿を使うのではなく、お料理に合わせた自由な組み合わせのお皿で提供されることが多いのです。

　そんなプロの世界のお墨付きもいただいたということで、大手を振ってバラバラのお皿を楽しむようになった我が家の食卓。今ではすっかり、同じお皿に揃えることのほうが少なくなってしまいました。

　お皿が1枚ずつ違うなんて、どうやってまとめればいいの？　ととまどう方も多いかもしれません。でも私も試してわかりましたが、食卓というのは意外となんでもアリです。お皿が違っていても、カトラリーやナプキンが同じだったり、

少しずつ揃えている、サルグミンヌやミントンのカップ＆ソーサー。

そうでなくてもデザインの方向性が一緒であれば、なんとなくまとまって見えます。

　そしてインテリアと同様、テーブルコーディネートもトライ＆エラーで磨かれていくもの。バラバラのお皿のいい点はここにもあります。しっくりこないお皿があれば、その1枚だけ替えればいいのですから！　他とはどうしても合わない、と思ったら、観葉植物の鉢の受け皿にするとか、猫のご飯皿にしてしまえばいいのです。

　我が家ではお皿だけでなく、カップ＆ソーサーもブロカントで買ったものなので、1客ずつのものばかり。そしてティーポットは、昔購入したアスティエ・ド・ヴィラットのもの。もはや共通項もありませんが、それでも自分が好きだと思ったものはまとまって見えるようで、違和感なく一緒に使っています。

　YouTubeの視聴者さんからのコメントによると、世界にはお皿は6枚、12枚セッ

毎日の食卓でも、やっぱりいろいろなお皿が活躍しています。

左上｜ブロカントに行っては少しずつ買い集めている古いお皿や花瓶。**左下｜**古いお皿と新しいガラスの器を合わせるなど、食器は自由に楽しみます。

我が家で出番の多いクレイユ・エ・モントローのコルベール柄のお皿も、持っているのは2枚のみです。

トがマストという国も多いようで、「1枚ずつ違うお皿を使うなんて考えたこともなかったけれど、素敵ね」という声を多数いただきました。中には、「大事にしていたのに1枚割れてしまったお皿のセット。残りのお皿を捨てられずにしまっていたのだけれど、バラバラでもいいのね！　また出して使うわ、ありがとう」なんて、思わず嬉しくなるようなコメントもありました。

　そもそも今は、エコロジーの観点からしても、ものを大事にしなくてはいけない時代です。お皿はセットでなくてはいけない、という思い込みから抜け出してみると、食卓は華やかになり、無駄も減る。まさに一石二鳥じゃないかな？　と思うのですが、いかがでしょう。

小さなキッチンには、
一軍の道具を厳選

　私にとってお料理は趣味。ストレスを発散するためのすべでもあり、キッチンで黙々と野菜を刻んだりしていると、なんだか気が晴れるのです。食べることも大好きですが、それ以上に作るほうが好きなので、キッチングッズはなるべく長く使える、いいものを揃えるようにしています。

　パリに来て最初に購入したキッチン道具は、ストウブのお鍋でした。当時も家具付きのアパルトマンに住んでいたので、基本的なお鍋は揃っていましたが、さすがに煮込み用の大きなものはなく。せっかく買うなら、一生もののいいものを買おうと、夏のセールが始まってすぐ、ル・ボン・マルシェにて入手しました。今考えると、もっと安いところがあったのでは？　と思いますが、「大好きなデパートで、憧れのお鍋が安く買えるなんて」という喜びで、ウキウキと重いお鍋を抱えて帰宅したのでした。

　その際買ったのは20cmのココットラウンドでしたが、煮込みには小さすぎるなと思い、翌々日に今度は24cmのものを買い足しました。20cmのココットは、今ではほぼ炊飯専用。20分ちょっとで美味しく炊けるので、炊飯器は使っていません。24cmのほうはカレーやシチューを煮込むときや、冬にお鍋をする際の土鍋代わりにも活躍しています。

　それ以外のお鍋は、クリステルとラゴスティーナのステンレス鍋を併用しています。

　パリに住み始めて数年すると、備え付けのものではない、きちんとしたいいステンレス鍋が欲しくなり、クリステルを購入したのです。そして現在の家には食洗機があり、お鍋の数がもっとあってもいいなと思い、実家にしまってあったラゴスティーナを一時帰国の際に持ち帰ってきました。

　実は、日本にいた頃もクリステルを買おうとデパートに行ったのですが、お店の方に「同じクオリティでより安いんですよ」と勧められて、なんとなくラゴス

左上｜3サイズあるストウブのお鍋。小さな赤の鍋はソース
作りに便利。**右上**｜使いやすい位置にセットした、もはや
我が家の必須アイテムであるブラウンのブレンダーや電気
圧力鍋、キッチンツール類。**左下**｜毎日のように使うOXO
サラダスピナーと貝印のスライサー。**右下**｜ほぼ同じに見え
るラゴスティーナ（奥）とクリステル（手前）のお鍋。

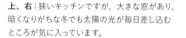

上、右｜狭いキッチンですが、大きな窓があり、
暗くなりがちな冬でも太陽の光が毎日差し込む
ところが気に入っています。

ティーナを買ったのです。

　ラゴスティーナにはステンレスの蓋とプラスチックの保存蓋も付属していたの
で、確かにお得。でも、クリステルのほうがどこかスッキリしていて、スタイリッ
シュさは若干上の気がする。両方使ってみると、確かにどちらも甲乙つけがたい
いいお鍋なんですが、ハンドルが似ているようで違います。どうせならどちらか
で揃えておけばよかった……とは思いますが、そんなわけで二つのハンドルを使
い分けつつ、両方のお鍋を使っています。

　見た目はまったく可愛くないけれど、便利で手放せないのがインスタントポッ

トという電気圧力鍋。アメリカでは大ベストセラーアイテムで、恐る恐る買ってみたのですが、これが本当に万能選手！　電気制御なのでつきっきりになる必要がなく、合間に他の家事をすることが可能。ソテーや炒め物をしたり、低温調理機能もあるのでヨーグルトも作れます。私は納豆を作る際の大豆調理やすじ肉などの時間がかかる食材に使うほか、茶碗蒸し作りなどにも使っています。

　ブラウンのハンドブレンダーも、我がキッチンで大活躍しているアイテムです。日本にいた頃も持っていたのですが、戸棚から出して、コードを挿して……という手間が面倒で、ちっとも使っていませんでした。その点、現在のものはコードレスでパッとすぐ使えるので、登場回数が激増。ポタージュやマヨネーズ作り、生クリームの泡だて……と、いろんな場面で使っています。

　混ぜる＆つぶす際にはブレンダーを使っていますが、たくさんみじん切りをしたいときにベストなのは、ぶんぶんチョッパー。以前ブログを書いていたときに読者さんからおすすめされて購入したのですが、紐を引くだけでみじん切りができ、とても重宝しています。これのおかげで、玉ねぎのみじん切りにも泣かされなくなりました！　もちろんハンドブレンダーでもできますが、電気を使わずに済むので、みじん切りはいつもこちらで。

　また我が家はほぼ毎日サラダを食べるため、サラダスピナーも欠かせません。過去にもいろいろ使いましたが、現在愛用中のOXOのものはプッシュタイプで楽に水が切れ、収納もしやすく気に入っています。

　たまにブランドを聞かれるスライサーとせん切り器は、貝印のSELECT100のもの。昔から使っていますが、やっぱり貝印が一番使いやすいです。スライサーは一度壊れてしまい、また日本で買い直して持って帰ってきたほど。日本には優れた調理器具がいっぱいあるので、日本に帰ると、ついついあれこれ欲しくなってしまうんですよね。

蚤の市に行く時間がないならここへ！
おすすめブロカントショップ **BEST 5**

ブロカントが開催されるのはほぼ週末。予定が合わない人におすすめなのが、ブロカントショップです。
厳選されたアイテムのみが揃うので、効率よくいいものを買いたい人にも◎。

No. 1 パン・パリ
Pan Paris（3区）

店主のミレーナさん＆ギヨームさんが「パリの真ん中でも、蚤の
市で購入するのと同じぐらいリーズナブルにいいものを購入して
ほしい」とオープンしたショップ。その言葉通りお値打ちものが
見つかるので、私自身も何度も訪れているお店です。
https://www.boutiquepanparis.com

No. 2

アー・イックス・エス・デザイン
AXS Design（11区）

デザインのプロフェッショナル二人が立ち上げたブロカン
トショップだけに、選りすぐりの商品がずらり。展示アイ
テムはすべてクリーニング、修復済みなので、ブロカン
ト初心者でも安心して購入できるのも魅力です。
https://www.axsdesign.fr

No. 3

トロール・エ・プス
Trolls et Puces
（11区）

200㎡以上の広々とした店内には、所狭しとブロカントア
イテムがいっぱい。食器や人形、古着などの小物だけで
なく、テーブルや椅子、棚などの大物家具まで品揃えが
豊富。日本からの買い付け業者も多く訪れるという人気店。
https://www.facebook.com/Trollsetpuces

No. 4

ドゥボングー
Debongout.
（10区）

ブロカントアイテムとキリム絨毯やフランス製小物などを
バランスよく取り扱っているe-shopのショールーム。基
本的にはアポイント制だけれど、HPから簡単に予約で
きるので、ぜひ臆することなく行ってみて！
https://debongout-paris.com

No. 5

ジェルメンヌ
Jermène
（10区）

ブロカントアイテムに加え、可愛いハンドメイドキャンド
ルやオリジナルイラストなどのインテリア雑貨が揃う、
美人パリジェンヌ二人が営むショップ。ケーキとお茶を
楽しめるティースペースもあります。
https://jermene.com

YouTube チャンネル "GOROGORO KITCHEN" で
お問い合わせが多い食器 BEST 3

我が家の食器には「こちらはどこのものですか?」という質問が集中するものがいくつかあります。
中でも特にお問い合わせが多かったものと、ブロカント品のブランドの歴史も簡単にご紹介。

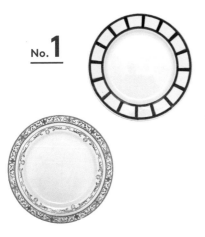

No. 1

クレイユ・エ・モントローのディナー皿
Creil et Montereau

私が初めて訪れた蚤の市で買ったのが、クレイユ・エ・モントロー
のコルベールシリーズのディナー皿。同じくクレイユ・エ・モントロー HB
CM の赤や黄、青のラインが入ったバスク柄と称されるお皿は好き
すぎて、YouTube 視聴者さんからは Mamiko 柄と呼ばれるほど(笑)。

Creil et Montereau

1797年にオワーズ県クレイユで開窯したクレイユ窯と1749年よりセーヌ・エ・
マルヌ県モントローにて製造を行っていたモントロー窯が、1840年に合併し
てできた窯。イギリス人オーナーに引き継がれるといった歴史を経て、
1920年にショワジー・ル・ロワ窯と合併、HBCM (Hippolyte Boulenger
Creil et Montereau) に名称を変更。製造は1955年に終了。

No. 2

サルグミンヌのスープ皿とティーカップ
Sarreguemines

近所の蚤の市で、1ユーロで購入した花柄のスープ皿は、色合いと
いい柄といい、一枚でテーブルを華やかにしてくれる逸品でお気
に入り。ミントン(Minton)シリーズと呼ばれる、薄く華奢なティー
カップも非常にお問い合わせが多い品。

Sarreguemines

18世紀後半にフランスとドイツの国境にある町、サルグミンヌで始まった窯。
普仏戦争中にブルゴーニュの町ディゴワンに窯を移し、すでに陶器製作を
行っていたディゴワン窯と合併。ディゴワン&サルグミンヌ、サルグミンヌ、
ディゴワンと刻印が3種類あるのはそのため。ディゴワン&サルグミンヌと
しての生産は2007年に終了しています。

No. 3

アスティエ・ド・ヴィラットのティーポット
Astier de Villatte

ずっと憧れていたアスティエの陶器。清水
の舞台から飛び降りる気持ちで購入したの
がこちらの Victoria のティーポットです。
YouTube 動画内で使って以来、何度とな
くお問い合わせが続いた品でもあります。

Chapter 4

コメがなくては生きていけない
私だけれど

やっぱりフランスは
美味しい

RESTAUR

BISTROT
PARISIEN

GLACES
& SORBETS
Berthillon

VINS AU VERRE

SERVICE
CONTINU

FORMULE
DÉJEUNER & DINER

MARCHÉ
DU JOUR

ごはん党の私を変えた
パリの美味なるパン

　ご存じの通りフランスはパンの国です。しかしフランスに来る前の私は、実はパンにほぼ興味がない人間でした。

　中学生の頃からダイエットのためにパンは避けてお米を食べるようにしていたので、気づけば断然ごはん党の人間に成長。ロンドンに2年住んだ際もヨーロッパで手に入る、それなりに美味しいお米を見つけて主食にしていたため、パリにやって来てからもそのままお米ライフを続けていました。

　そんな私のパン意識を変えたのは、入居時に大家さんから「ここはとても美味しいよ」と教えてもらった近所のパン屋さん、ピシャール。今では閉店してしまいましたが、当時はメディアでも多く取り上げられていたほどの有名店。それが、家から歩いて1分の場所にあったのです。

　毎日の長蛇の列を見るにつけ、そんなにすごいなら一度食べてみようと思いつきました。まだフランス語もたどたどしかった頃だったので、後ろに並ぶ人たちからのプレッシャーにドキドキしつつもクロワッサンを購入。家で食べてみると……「なんじゃこりゃ！」。外側はパイのようにサックサク、でも中はしっとり柔らかで、バターの香りがぷわっと広がる。確かにフランスのパンは別格だわ、と納得しました。

　クロワッサンの美味しさに味をしめて、次はバゲット購入にも挑戦。ただ、一人暮らしにバゲット1本はちょっと多いのよね、と躊躇する部分もあったのですが、あるとき、年配のムッシューが2分の1本を購入しているのを発見。半分だけ買うのでもいいと知ってからは、ぐっとハードルが低くなりました。

　さらにこの国のパンにすっかり魅了される要因となったのが、トラディションの存在です。パリ暮らし1年目に通っていた語学学校では自由選択科目があり、私は迷わずフランス食文化の授業をチョイス。そこで知ったのが、日本でフラン

上｜お店を出たらすぐにパンを頬張る少年。下｜当たり前といえば当たり前ですが、パンの国なので種類が本当に豊富。まだまだすべては極められていません。

カフェのカウンターに置いてある、美味しそうなクロワッサンやパン・オ・ショコラ。

スパンと呼ばれる細長いパンには、バゲットとトラディションという2種類があることでした。

戦後、大量生産技術が開発されるにつれバゲットのクオリティが劣化し、それを危惧した国が1993年に定めたのが「バゲット・トラディション」の法律。トラディションは、小麦、水、塩、酵母だけで作られ、発酵時間も長時間であることなど、厳密に製法が決められています。もちろん添加物も冷凍も禁止です。

食文化の先生はとても教えるのに情熱的で、私はそのクラスが大好きだったのですが、先生が力説していたのが「トラディションはパンの中のパン。バゲットはすぐ固くなるとか、美味しくなくなるなんて言う人がいるけれど、それは大量

生産のバゲットだから。正しいトラディションは数日置いても、きちんと霧吹き
をしてオーブンで軽く温め直せば、また美味しく食べられるいいパンなのだ」と
いうこと。

　本当かしら？　とトラディションを買ってみたら……確かにバゲットとは似て
非なるものでした。トラディションは皮がサクサクで、中は気泡がいっぱい。そ
してなんと言っても小麦の味がしっかりします。

　日本にいた頃はフランスパン＝固いパンと思っていましたが、焼き立てのトラ
ディションは、パリッとしていても固いのではなく、もっちりという表現が相応
しい。そして先生が話していた通り、1日経ってカチカチになったものでも、霧
吹きをしてオーブンで温めるとまた柔らかくなり、最後まで食べきることができ
るのです。

　ところでフランスでは、バゲットまたはトラディションを買ったらすぐに先端
を食べる人をよく見ます。ロンドンにいた頃、フランス人とスーパーに行ったら、
まだ購入前だというのにパンの端っこを食べ出したのを見て驚愕したことがあっ
たのですが、この国に来て「あれはフランス人のデフォルトだったんだな」と理
解しました。

　現在の我が家のすぐ近くにも人気のパン屋さんがあり、そこでトラディション
を買うと、回転が早いためいつも出来たてを渡されます。ある日、まだ熱々のそ
れを手にして歩いているうち、ふと誘惑に駆られ、先端をパクリとやってみたら
……熱々なぶん香りも豊かでもっちり柔らか。美味い！　フランス人がバゲット
やトラディションを買うと自動的にパクリとしたくなる気持ちが、ちょっとだけ
わかるようになりました。

パンペルデュ・サレ クミン風味

ふんわり甘くて美味なパンペルデュ（フレンチトースト）ですが、フランスではサレという甘くないタイプも人気。伝統的には乾いたバゲットを使うものの、美味しく作るにはやはり柔らかいパン、特にブリオッシュが最高。ない場合は食パンでも代用できます。

材料（2人分）

ブリオッシュ…4枚（7cm×11cmの
　角型、厚さ3cm、できれば少々乾い
　たものがベスト）

卵…2個

牛乳…250ml

クミンパウダー…少々

塩…小さじ¼

胡椒…少々

ホールクミン…少々

バター…10g

コンテチーズすり下ろし…50g（コン
　テがない場合は普通のとろけるチー
　ズでも）

1. ボウルに卵を割り入れ、泡立て器でかき混ぜる。牛乳とクミンパウダー、塩、胡椒、ホールクミンを加え、さらに全体が馴染むようよく混ぜる。

2. **1**をバットなどに流し入れ、ブリオッシュを2時間以上浸して卵液を浸透させる。途中で何度か上下を返し、全体に卵液が染み渡るようにする（**a**）。

3. 中火で熱したフライパンにバターを入れ、バターがとけたら**2**を入れ、コンテチーズをのせる（**b**）。蓋をして弱火に落とし、6〜7分ほど焼く。

4. 焼き色がついたらひっくり返し、蓋はせずに2〜3分ほど焼く。

5. チーズがカリッとしていい焼き色がつけばOK。皿にのせ、ベビーリーフなど（分量外）を添えたらでき上がり。

「ハーブ」は生活に
根ざしているもの

　フランス料理というと、おしゃれだけれど堅苦しいイメージを持っている方
も多いかもしれません。私も日本にいた頃は「レストランはフレンチにする？
それともイタリアン？」と聞かれたら必ず「イタリアン！」と答えていたほど、
フランス料理は遠い存在でした。

　ところがフランスに住み始め、フランス人の友人ができ、自宅に招かれてご飯
を食べに行ったりするようになると、一般的なフランス家庭の普段の食事という
のはまったく手の込んでいない、簡単なものばかりなのだと知ったのです。

　例えば朝ご飯はシリアルや、バター＆ジャムを塗ったバゲットとコーヒー。ラ
ンチも、パンにハムとチーズを挟んだバゲットサンドや、キッシュとスープなど
をテイクアウトしたり。夕ご飯も、煮込み料理とバゲットとか、焼いただけの肉
とサラダなどです。実際、友人のヴィルジニーも「夕ご飯に作るのは一品くらい
よ」と言っていました。

　そんなシンプルな料理ばかりなのに、なぜだか味わい深い。なんならおしゃれ
にさえ見えたりする……。なぜ、なぜなのだ！　フランス人に聞いたり、レシピ
をあれこれ見たりしているうちに、決め手はやはりハーブ遣いだなという私的結
論にたどり着きました。

　パリに住み始めた頃びっくりしたのは、ハーブの種類の多さです。普通のスー
パーに行っても、ハーブ＆スパイスのコーナーは大概ひとつの棚をドーンと占領
しています。フレッシュハーブなら、イタリアンパセリ、ミント、バジル、コリ
アンダー、ローズマリー、チャイブあたりが常備。マルシェに行けばさらに種類
は広がり、ディルやチャービル、セージ、エストラゴン、タイム、枝のままのロー
リエなども見つかります。特によく使われるミント、バジル、パセリ、コリアン
ダーなどは鉢植えで売られていることも多いです。

元来食い意地が張っている私。美味しいものを知っているフランス人たちがそこまでせっせと使うものならば、料理もよりよくなるに違いないと、少しずつ試してみるようになりました。すると確かに、違うんです。例えば、それまでずっと「味が薄くてイマイチ」と思っていたポトフは、ブーケガルニをきちんと使うと香りが肉と野菜の風味を引き立てて、とても豊かな味わいになる。缶詰のパテなどはそのまま出すとやや寂しい感じですが、ディルやチャイブのみじん切りなどを散らすだけでおしゃれに見えるし、味にもぐっと深みが出ます。

　すっかり我が家の食生活に欠かせないものになったハーブ。カットしたものを購入するのでは飽き足らず、ベランダでも育てるようになりました。チャイブは意外と簡単に育ち、万能ネギが細くなったようなものなので、フレンチだけでなく和食にも使えて便利です。ミントとバジルは鉢植えだとぐんぐん育ちますし、キッチンで水耕栽培も可能。元気そうな枝を水にさしておくと、数日で根っこが生えてきます。

　そして「ハーブってなかなか使いきれなくて」という声をよく聞くのですが、私の解決方法は「残ったら全部サラダに入れる」です。ちょっと乱暴に聞こえますが、もともと生で美味しく食べられるものが多いですし、サラダ自体もグレードアップして見えるので、使わない手はありません。そうは言っても大量には食べられないよ～というミントは、ラムとあわせてモヒートに。血行促進効果のあるローズマリーや殺菌作用の高いタイム、セージなどは、毎朝飲む白湯に加えて消費してしまいます。

　寒くなるとベランダハーブのほとんどが枯れてしまうのが残念ですが、裏を返せばそれは、新しいハーブを試してみるいい機会でもあります。冬の間はローズマリーなどの耐寒性のあるハーブを楽しみつつ、次は何を植えよう（食べよう）かな？　と、毎年ワクワクするのです。

上｜ベランダで育成中のエストラゴンとローズマリー、三つ葉。下｜少し加えるだけで、グンと味が引き立つのがハーブの魅力。

ラディッシュとパクチーのカラフルサラダ

フランスでは一年中手に入るラディッシュ。発酵バターと一緒におつまみとして食べるのが定番ですが、よりヘルシーにいただくべく、パクチーとあわせて彩り溢れるサラダにしました。レーズンのこっくり濃厚な甘みが、淡白なラディッシュの味を引き立てます。

材料（2人分）

ラディッシュ…15個（100g）

パクチーの葉…6枝分

レーズン…30g

【ドレッシング】

ギリシャヨーグルト…大さじ1

オリーブオイル…大さじ1

レモン汁…小さじ¼

砂糖…小さじ¼

塩…小さじ¼

胡椒…少々

1. ラディッシュは葉を切り落とし、縦に薄切りにする。パクチーは適当な大きさにカットする（**a**）。

2. **1**のラディッシュをボウルに入れ、塩少々（分量外）を加えてなじませ、水分が出てきたらよく絞っておく。

3. 容器にドレッシングの材料をすべて入れ（**b**）、よく混ぜ合わせる。

4. ボウルに**1**のパクチーと**2**のラディッシュ、レーズンを入れ、軽く混ぜる。食べる直前に**3**を加え、全体をなじませたらでき上がり。

丸鶏は、その日の気分でオーブン焼きにしたり、煮込みにしたり。

骨付き肉は楽しい

　フランスでは、というかイギリスもそうでしたが、薄切り肉がほとんど売っていません。スーパーでもお肉屋さんでも、ドーン！　と並んでいるのは塊肉ばかり。一体なぜなのだろう？　と思いネットで調べてみたところ、ヨーロッパはナイフ＆フォーク文化なので、お箸文化圏である東アジアのように、薄切りでそのまま食べられる状態に加工する必要がないから、という説が。なるほど、確かにこの国の人たちなら、「ナイフで各人が切ればいいし、塊で出せばいいわ〜」と言いそうだなと、なんだか納得してしまいました。

　お肉の販売形態の違いは、薄切りがあるかないかだけではありません。ヨーロッパで売られているお肉は多くが骨付きのままです。豚肩ロースや鶏もも肉にも、ごろっと付いている。骨が付いているものは"avec os"（骨付き）と表示されていて、"sans os"（骨なし）というものもありますが、骨なし肉のほうが値段も上。人件費が高い国なので、手間がかかればかかるほど値段も上がるのだろうと思っていましたが、それをYouTubeで話したところ、フランス人の方から「肉は骨の周りが一番美味しいので、あえて残してあるんですよ」というコメントが。確かに骨の周りが一番美味しいのは事実ですが……私はやはり、手間をなるべく省きたいという理由に１票を投じたい気もします。

　どちらの説が正しいとしても、鶏肉で一番値段が高いのは、皮をキレイに剝がされたむね肉。最初はその事実に、日本では"安いけれどパサつきがちなむね肉"を、いかに美味しく食べるかみんな考えているのに……！　と衝撃を受けました。逆に、売り手的には一番手間がかからないのが丸鶏なのでしょう。鶏はクリスマスでなくとも常に丸ごとで売られていて、それにもかなりびっくり。

　つまりフランスでは、高級な鶏肉＝皮のないむね肉、なのです。それがわかってからは、レストランで鶏肉のメニューを選ぶことがほとんどなくなりました。

今まで何度かトライしましたが、大概出てくるのが鶏むね肉で、ガッカリし続けたからです……。

蛇足ですが、この「なるべく食材に手をかけない」システムはお肉以外でもさまざまなものに反映されている気がします。例えばくるみは通常殻付きのままで、日本のように中身だけで売っているものはかなり割高。牡蠣も殻に入ったまま売られているので、すっかり自分で開けるのが得意になってしまいました。

お肉の話に戻りますが、骨が付いていても自分で外せばいいだけですし、残った骨からはとてもいいスープが取れるので、我が家では常に骨付き肉一択。骨のあるお肉は、まるっと煮込むと骨からもしっかり出汁が出て、塩と胡椒だけで味付けしても美味しい煮込みができ上がります。

骨付きの鶏もも肉や豚ロース肉などを炒め物にする場合は、骨部分を一旦取り外し、オーブンでさっと焼いておきます。冷めたらフリーザーバッグに入れて、冷凍庫へ。ネギの青い部分、ズッキーニのヘタ、マッシュルームや人参の皮といった野菜くずも出るたびにこのフリーザーバッグに入れて、骨と野菜くずで袋がいっぱいになったら、凍ったまま大きなお鍋へ投入。水を加え、弱火で半日〜1日コトコト煮込むと、旨味がいっぱいのスープができ上がります。

このスープは、塩、胡椒と少しのお酒で味付けをしてそのまま飲んでも十分に美味しいですし、ラーメンやうどんの汁のベースにしたり、煮物に加えたりと、何にでも使えます。以前はスープを作るのにコンソメの素などを使っていましたが、いつでもこの骨＆野菜くずスープがあるので、今ではほぼ買わなくなりました。

そして煮込んだ後の骨と野菜くずは、ベランダに置いてあるコンポストに入れて、堆肥作りに使います。正直なところ、骨はそう簡単に分解されず残ってしまいがち。それでも、全体的なゴミの量はだいぶ減りますし、栄養ある堆肥ができます。大事な命をいただいているからには、使えるものはすべて利用し、少しでも捨てる部分を減らしたい。自分でできることをしながら、引き続き骨付き肉を楽しんでいこうと思っています。

左｜冷凍庫に貯めておいた野菜くずや鶏の骨は、袋いっぱいになったところでじっくり煮込んでスープをとります。
右｜とったスープを使って作ったポトフ。 下｜お肉屋さんで売られているものの中でも、やはり骨付き肉は人気。

手羽元の赤ワインビネガー煮込み ハーブ風味

我が家の定番、骨付き鶏肉の煮込みを手軽に作れるよう手羽元でアレンジしてみました。
赤ワインビネガー&レモンとハーブの香りで、コクはあってもさっぱりした味わいです。

材料（2人分）

手羽元…8本
塩…適量
小麦粉…大さじ1
にんにく…1片
オリーブオイル…大さじ2

【調味料】
水…120㎖
赤ワインビネガー…大さじ4
レモン汁…大さじ1
蜂蜜…大さじ1
醬油…大さじ1
塩…小さじ¼

ホール胡椒…7粒
フレッシュローズマリー…2枝
フレッシュタイム…3枝
ローリエ…1枚

1. 手羽元は塩でしっかりめに下味をつけ、小麦粉を薄くまぶしておく（**a**）。

2. にんにくは皮をむき、厚めにスライスする。

3. 蓋つきのフライパンに、オリーブオイルとにんにくを入れ中火にかける。にんにくの香りが立ってきたら端に寄せる（**b**）。

4. 1の手羽元を入れ（にんにくは焦げないよう、手羽元の上にのせてしまってもOK）、全体を色よく焼く（**c**）。

5. 【調味料】とホール胡椒、ハーブ類を加える。フライパンに蓋をし、弱火に落とす。途中で何度か（10分おき程度）手羽元の上下を返し、全体に煮汁がよくからむようにしながら30分煮る（**d**）。

トリュフの香りとチーズの風味のマリアージュが素晴らしい、トリュフ入りブリー。

チーズの魅力が圧倒的！

　フランスには、1年間毎日違うものを選んでも、食べきれない数のチーズが存在するそうです。私はまだその10分の1も食べられていない気がしますが、少しずつ試すうちに、この奥深い食材にすっかりハマってしまいました。

　その実、住み始めた当初はそれほどチーズに興味がなかったのです。「日本のプロセスチーズやスモークチーズが恋しいなあ」と思ったことがあるくらい。友達に話したら「こんなにいいチーズが揃う国にいるのに!?」と笑われましたが。

　もちろん食いしん坊ですから、一応チーズを試す努力はしていたのです。でも

とにかく種類が多いので、今でも選ぶときは大いに迷ってしまいます。

とにかく種類が豊富すぎて、何を選んだらいいかわからない。チーズ屋さんで恐る恐る「何がおすすめですか？」と聞いても、「山羊？　牛？　羊？　どのチーズがお好み？」と返されてしまう。自分の好みがそもそもわからない私にはハードルが高すぎて、仕方がなく「じゃあこれ……」なんて指差し、適当に購入したりしていました。

　転機となったのは、パリに来る前に１ヵ月住んだロワール地方の町、アンジェのホームステイ先から、「遊びにいらっしゃい」と久々にお呼ばれしたとき。マダムがお料理上手なおうちで、ステイ中は美味しいフランス家庭料理を楽しませてもらっていたのですが、久しぶりに訪れた際に出てきたのが、外側が黒いシェーブル（山羊のチーズ）。

あんまりシェーブル得意じゃないんだけどなあ……と思いつつ口にしてみて、びっくり！　フレッシュでクセもなく爽やか、おかわりするほど美味しかったのです。そこで教えてもらったのは、たとえ見た目が同じ、外側が黒いヤギのチーズでも、作り方、熟成度合いによって味はまったく変わる。また、熟成度合いの好みも人によって違うので、チーズは本当に千差万別なのだということ。

　それからすっかりシェーブルへの苦手意識がなくなり、新しい味を試してみるのが楽しくなりました。マダムが言っていた通り、一口に山羊と言っても、フレッシュでクセのないものから、ガリガリかじって食べるような濃厚でドライなものまであります。焼いてみても、また違う美味しさがあるのです。

　そしてチーズには季節があることも知りました。シェーブルは、子山羊が生まれてお乳が豊富になる春〜夏がシーズン。牛乳のチーズでいうと、独特の強い匂いがする、ウォッシュタイプの代表格のエポワスは夏から秋にかけて。秋冬になると出てくる、トリュフが挟んであるブリーは格別ですし、冬の代名詞と言ったらやっぱりモンドール。

　地域によってもチーズ文化はさまざまです。バスク地方では羊のチーズ、オッソ・イラティが有名ですが、これは黒さくらんぼのコンフィチュールと共にいただくのがお約束。世界で愛されるカマンベールは、実はカマンベール村が発祥だとご存じですか？　チーズの名前というのは、ほとんどがその原産地の村や町の名前だというのも、フランスに来てから知ったことです。

　ちなみに私は、パリから電車で1時間の町、フォンテーヌブローの名物チーズ「フォンテーヌブロー」が大好きです。これは、フロマージュ・ブランという、どこのスーパーでも売っている定番のフレッシュチーズに、泡だてた生クリームを混ぜたもの。これにフランボワーズのソースをかければ、デザートとして永遠に食べられる美味しさです。

　ところで、「日本へのお土産でおすすめは？」という質問をよく受けるのですが、私調べの一番人気はやはりチーズとバター。

　パリでは大手デパートや有名なチーズ屋さんなら、大概どこでも "Sous vide, s'il

上｜チーズ屋さんで購入した、大好きなフォン
テーヌブローにフランボワーズソースをかけた
ところ。右｜焼きモンドールは冬の我が家の定
番料理になりつつあります。

vous plaît"（スー・ヴィッドゥ、シルヴプレ）と言えば真空パックにしてくれま
す。ただしチーズは呼吸が必要なので、帰宅したらすぐ真空パックから取り出す
こと！　そしてラップではなくクッキングペーパーで包み、乾燥しないように保
存容器に入れ、野菜室に保存。時々チェックして、水分が出ている場合は拭き取っ
てあげることが大事、とチーズ屋さんに教わりました。

　バターの場合は普通のフリーザーバッグで大丈夫です。フランス人の知り合い
に、日本に帰るときはいつも何十個もバターを持っていくと話したら「スーツケー
スの中でフォンデューにならないの!?」と驚かれましたが、夏以外は、今のとこ
ろ問題なく持って帰れています。

　ただし、チーズもバターも機内持ち込みにはしないように。昔チーズを機内持
ち込みにしたところ、機内が暖かかったため臭いが発生してしまい慌てたことが。
搭乗中は貨物室のほうが気温も低いので、どちらも預け入れ荷物に入れておくの
が安心です。

カマンベールチーズのオーブン焼き

冬のチーズの王様、モンドール。オーブン焼きにすると最高なのですが　日本だとなかなかにいいお値段がします。もっと手軽に食べられたら……と考え、入手しやすいカマンベールで作ってみました。甘じょっぱい味わいは、ワインのアテにもぴったりです。

材料（2人分）

カマンベールチーズ…大1個(250g)

白ワイン…大さじ½

蜂蜜…大さじ1

レーズン…大さじ1

ピスタチオ…15粒

乾燥タイム…少々

塩…少々

胡椒…少々

1. オーブンは200℃に予熱しておく。

2. ピスタチオは殻を剥き、粗く刻んでおく（**a**）。

3. カマンベールチーズは包み紙を外し、クッキングシートにのせ、耐熱容器に入れる。チーズの上部表面に、ナイフでフタのように丸く切り込みを入れて外す（**b**）。

4. **3**の中に白ワインを回し入れ、レーズンをのせて（**c**）、表面部分をもとのようにかぶせる。

5. **4**の表面にナイフで軽く格子状の切れ目を入れ、上から蜂蜜をかけてのばす（**d**）。

6. **5**をオーブンに入れ、15分焼く。

7. **6**を取り出し、**2**のピスタチオをのせ、乾燥タイム、塩、胡椒をふる。再度オーブンに戻し、2分ほど焼く。

Maison PUJO
—— Depuis 1941 ——

"追いラム"ができるラム酒入りカヌレを手に、嬉しそうな私。

いつの間にか、
甘いものが大好きに

　私は自他共に認める、大のお酒好きです。お酒呑みは甘いものが苦手という説がありますが、ご多分に漏れず私も、成人してからは次第に甘いものから遠ざかりました。お酒でカロリーを取っているのだから、これ以上糖分を取ってはいかん、という自制心もあり、日本にいた頃は自分で甘いもの、ましてやケーキなどを買うことはほとんどありませんでした。

　ところが最近では、すっかり甘いものを食べることに躊躇がなくなってしまったのです。どう考えても理由は、甘いもの好きな夫の影響。彼は私と正反対で、ほぼお酒が飲めず、その代わり甘いものが大好き。オレオやショートブレッドも1日で1箱ほぼすべて（なぜか1枚だけ残す）食べてしまうほどです。

　しかし、人が美味しそうに食べているものってどうにも気になりませんか？近所のパン屋さんに行っても、私がクロワッサンを買うのに対し、夫は絶対パン・オ・ショコラ。そんなにいいのかしら……とちょっともらうと、確かに美味しい。そうしてつまみ食いをしているうち、恐ろしいことに酒量はそのままに、甘いものもイケる口になってしまったのです！

　そしてそれまで関心のなかったスイーツに目を向けてみると、日本では知らなかった美味しさにあれこれ目覚めてしまいました。例えばマカロン。昔会社員だった頃は、お中元やお歳暮で届いたものをよく口にしていましたが、甘くてねっとりしていて、失礼ながらそんなに美味しいと思ったことはありませんでした。ところができ立てのマカロンはフレッシュで歯触りもよく、パクパク食べられてしまう。気づけばお気に入りのお菓子のひとつになってしまいました。

　子供の頃から好きなケーキといえばミルフィーユでしたが、これも記憶に残るものとまったく違います。クリームと層になっているパイはしっとりしているものと思っていたのに、近所のパン屋さんで買うミルフィーユのパイはパリッパリ。

クリームもコクがあり、「普通のパン屋さんでこのレベル!?」と目を見張りました。

　また、これまで存在も知らなかったのにすっかりハマっていったのが　ガレット・デ・ロワ。1月の公現祭の日に食べるパイで、中にフェーブという小さな人形が入っています。切り分けた際にこのフェーブが当たった人は1年間幸運が続くとされて王冠をかぶる、そんなゲーム的食べ方も楽しいケーキ。

　パイの中にアーモンドクリームが入っているだけのシンプルなものゆえ職人の腕が試されるそうで、毎年雑誌や新聞でも"今年のベスト・ガレット・デ・ロワ"が発表されたり、コンクールが開催されたりします。我が家では今のところ、"焼き立てのガレット・デ・ロワが一番美味"という意見になっているのですが、それでも1月になると「この時期しか食べられない！」という焦りもあり、いろいろなお店の味を試してみたくなります。

　ショコラティエも美味しいところがたくさんありますが、私の一番のお気に入りはジュリアン・デシュノ（Julien Dechenaud）のチョコレート。友人に勧められて試したところ、カカオの味が濃厚で非常に美味しいのに、値段はお手頃。商品を買うと「おひとついかがですか？」と味見チョコをいただけるのも、毎回お菓子をもらった子供のような気分で嬉しかったり。冬季限定で登場するマロン・グラッセも甘すぎず絶品で、今やこちらのお菓子が、手土産や贈り物、そして日本へのお土産としても我が家の定番となっています。

　美味しいスイーツ揃いのパリなのですが、唯一の不満としては、満足のいくモンブランがないこと。「モンブランはフランス発祥なのでは？」と思われる方も多いようですが、発祥とされているのはシンプルな家庭のお菓子で、日本のようなケーキではないのだそう。

　アンジェリーナやセバスチャン・ゴダールといった有名パティスリーではモンブランを取り扱っていますが、メレンゲが入っていたりマロンクリームがこってりで甘かったりと、私の思い描く日本的モンブランとはどこか違う。おかげで毎年秋になると、どうしても日本の栗の味が恋しくなってしまうのです。

1月になると、パン屋さんの店先に並ぶのはガレット・デ・ロワだらけ！

フランス暮らしでも、
和食の美味しさは忘れない

　海外に住んでいると、食生活も現地スタイルに馴染んでいるものと思われるかもしれません。実際、毎日フランス人と同じ食事で平気という人もいますし、人それぞれだと思いますが、私は断然和食派。以前は「ごはん党だから、海外に長く住むのは無理だな」と思っていた時期もあるほどです。

　そんな私なので、パリ生活を始めたばかりの頃は誰かが仕事や旅行で来るたびに日本食材の持ち込みをお願いしていました。あるとき、仲のいい友人が出張でパリに来ることに。「ビジネスクラスだし、重いものでも持っていくよ」と言うので、じゃあ遠慮なくとお米をお願いしたところ、なんと10kgの米袋を持ってきてくれたのです。タクシーの運転手さんに「このスーツケースめちゃくちゃ重いよ」と文句を言われるほどの荷物を持ってきてくれた彼女には、感謝してもしきれません。

　そうは言っても、さすがにそれで日々の食すべてを賄うのは不可能。そこで在仏日本人の知り合いに尋ねたり、自分で検索するうちに、実はこの街では、和食を作るための素材が意外と手軽に入ることがわかりました。

　まず和食材を扱うお店ですが、日本人街と呼ばれるオペラ座周辺を筆頭に、パリ市内のあちこちにあります。チャイナタウンの大手スーパーにも日本食材コーナーが設置されていますし、最近では日本ブームもあってか、ちょっと小洒落た八百屋さんやマルシェで、柚子や水菜といった生鮮食品を見かけることも。

　ただ日本食材は手に入っても割高の場合が多いので、自分で作れそうなものの場合は、段々と自家製にトライするようになりました。

　パリに来て最初に作ってみたのは納豆です。日本で毎日食べていたのに、ここでは冷凍品ばかりで値段も日本の倍以上。じゃあ自分で作ろう！　と思ったものの、なぜかどこにも大豆が売っていません。仕方がなく、レンズ豆や白インゲン

フランスで日本の野菜を作っているYASAIさんで購入した、すべてオーガニックな夏野菜。

豆など手当たり次第の豆で試し、ひよこ豆であればほっくりした納豆が作れるという結論にたどり着きました。

　ただしひよこ豆は大豆の倍ぐらい大きいのがネック。日本から来た友人に食べてみてもらったところ「確かに納豆の味だけど。食べ出がすごい！」と爆笑されてしまいました。しかしその後はめでたく、パリで唯一と言っていい大豆の取扱店を友人から教えてもらったので、大手を振って（？）納豆作りを続けています。

　納豆の次に作ったのは、ひよこ豆のお味噌。ひよこ豆は大豆よりも甘みがあるため、でき上がるお味噌もマイルドで美味しい。今では我が家の定番お味噌となりました。他にも、米麹とアプリコットで梅干しならぬ杏干し、杏干しを作る際

左上｜嬉しいことに、マルシェの新鮮な人参は葉付きで売られていることが多いのです。かき揚げにして残さずいただきます。**右上**｜大事に毎日混ぜているぬか床には、カマンベールチーズを漬けてみたり。**左下**｜数年前のお正月の様子。**右下**｜日本に帰るたび、このようなすごい量の食品を持ち帰っています。

にできる赤紫蘇漬けを干したゆかりなども毎年作るように。去年はシェフのお友達に新生姜がフランスで手に入ることを教えてもらったので、杏干しを作った際にできた杏酢に漬け込み、紅生姜も作りました。

　そして日本人的には新鮮なお魚、特にお刺身が定期的に食べたくなるものです。これもオペラ座周辺のお店などで取り扱いがありますが、やはりお値段お高め。マルシェで買うお魚を自分で捌くことに慣れた頃、ものは試しだと、そのままお刺身にして食べてみたら……お腹も壊さないし、美味しい！　これに味をしめて、帆立貝などの貝も自分で開けてお刺身にするように。すぐに食べない場合は昆布締めや漬けにするなどの知恵もつけました。

　ハーブと同様、少量ずつ使う薬味的な野菜も高価で手に入りにくいので、ベランダで栽培しています。紫蘇は毎年、緑の紫蘇を2～3鉢と赤紫蘇を1鉢。三つ葉も1鉢育てています。紫蘇は一年中栽培できないかと、何度も室内栽培を試してみたもののイマイチうまくいかず……。その代わりといってはなんですが、去年は穂紫蘇の塩漬けを作ったので、新しい芽が出るまではこれを少しずつ食べるつもりです。

　一昨年は念願だった茗荷の苗を手に入れ、去年の夏、数個の茗荷が収穫できて感激しました。そしてフランスの胡瓜は大味で水っぽいなあといつも思っているので、今年は日本の胡瓜を育てて収穫しようと企んでいます。

　……こうして書いてみると、私の和食への執着がすごい感じですけれど。ひとつ言えることとしては、パリ暮らしのおかげで、万が一無人島に漂着してもしばらくは生きていけそうなサバイバル能力が身についたかな？　ということです。

ひじきとベーコンの炊き込みご飯

昔ながらのひじきの煮物が好きじゃない、という人にもきっと気に入ってもらえる、ちょっと洋風な炊き込みご飯。ベーコンのコクと玉ねぎの甘み、ひじきの海の香りがマッチして、あとをひく美味しさです。

材料（4人分）

- 米…2合
- 水…360㎖
- ひじき…10g
- 玉ねぎ…小1個
- ベーコン…100g
- 鶏ガラスープの素
  …大さじ2
- 酒…大さじ1
- 醤油…小さじ1

1. 米はとぎ、水（分量外）に30分浸す。

2. ひじきは水（分量外）に浸して戻しておく。

3. 玉ねぎは縦半分にカットし、繊維を断ち切るようにさらに横半分にカット。さらに繊維に沿って5㎜程度の幅にスライスする。ベーコンは適当な大きさにカットする（**a**）。

4. **1**の米をざるにあげて水気を切る。鍋（または炊飯器）に入れ、鶏ガラスープの素、酒、醤油、水を加えてよく混ぜる。

5. 水気を切った**2**のひじき、**3**の玉ねぎ、ベーコンを米の上に広げて（**b**）、炊く。

カマンベールとミニトマトの炊き込みご飯

YouTubeを始めた際、最初にご紹介した炊き込みご飯。多くの方に作ってもらい、美味しいと言っていただけた自慢の一品です。残った場合はシーフードミックスととろけるチーズをのせてオーブンで焼くとドリア風に。

材料（4人分）

- 米…2合
- 水…340㎖
- ミニトマト…10個
- カマンベールチーズ
  …半個（約125g）
- 鶏ガラスープの素
  …大さじ1
- 塩…小さじ¼
- 胡椒…適量

桜海老と梅干しの炊き込みご飯

包丁もまな板も不要、桜海老と梅干しと調味料を加えるだけで簡単に作れます。桜海老がない場合は、それ以外の干し海老でも。梅干しは甘いものより、しょっぱめのものを使うのがおすすめです。

材料（4人分）
- 米…2合
- 水…330㎖

梅干し…大2個（小7個）
干し桜海老…大さじ2（6〜7g）

【調味料】
みりん…大さじ2
酒…大さじ2
塩…小さじ½
醬油…小さじ½

1. 米はとぎ、水（分量外）に30分浸す。

2. 1の米をざるにあげて水気を切り、鍋（または炊飯器）に入れ、水と調味料を入れ、よく混ぜる。

3. 2の上に梅干し、干し桜海老を散らし、炊く（**a**）。

4. 3が炊き上がったら、梅干しの種を取り出し、ほぐしながら全体をよく混ぜる（**b**）。

1. 米はとぎ、水（分量外）に30分浸す。

2. ミニトマトはヘタを取り、十字の切れ込みを入れる（**a**）。

3. カマンベールチーズは1㎝程度の厚さにスライスする（**b**）。

4. 1の米をざるにあげて水気を切る。鍋（または炊飯器）に入れ、水、鶏ガラスープの素、塩を加えてよく混ぜる。

5. ミニトマト、カマンベールチーズを米の上に散らし（**c**）、炊く。

6. 炊きあがったら、胡椒をふってでき上がり。

夕方からのんびり、
一人アペロを楽し
んでいるムッシュ
の姿も。

Cocktails
~・~

アペロ、それはお酒呑みにとって
最高の文化です

　アペロはフランス語のアペリティフの略で食前酒を意味しますが、夕食前にお酒と軽いおつまみを楽しみながら過ごす時間のことでもあります。日本でもだいぶ知られるようになったと聞きましたが、フランス人はとにかくこのアペロが大好きです。

　まず日本人的にびっくりするのが、どこのおうちにも大体"アペリティフ専用棚"みたいなものがあること。食器棚の一部だったり、アペリティフのためのワゴンだったり、スタイルはさまざまですが、とにかく多くのおうちでこのアペリティフコーナーを見かけます。

　ここにセットされているのは、食前酒とグラス類各種。好みにもよりますが、食前酒はカシス、ミラベル、リンゴなどフルーツのリキュールや、フランス人の大好きなアニスの香りのパスティス、ポルト酒などの瓶がずらっと鎮座。そして大人数でも対応できるくらいの数のショットグラスやシェリーグラスなどが揃えられていることが多いです。

　私がこのアペロを初めて体験したのは、パリに来る前にホームステイしたアンジェのおうちでした。夕方駅でピックアップしてもらい、家に到着すると、マダムから言われたのが「荷物を解いたらアペロにしましょう」。

　この日は私のためにと、普段より力を入れたアペロを用意してくれていたのだと思います。リビングルームに行くとソファ席のテーブル上に、チーズを入れたマッシュルームや一口パイなどのフィンガーフードが置いてあり、ムッシューは棚の中からいくつも瓶を出して中身を説明してくれました。「フルーツのリキュールをシャンパンと割っても美味しいよ」とのことで、カシスを入れてもらって飲んだ覚えがあります。

　その後も時折、マダムとムッシューと3人でアペロをしましたが、フィンガー

フードはキューブチーズやオリーブ、スナック菓子などになり、食前酒もロックにするかストレート。かなり普通の「おやつ＆食前酒」といった感じの内容に変わりましたが、場所は常にダイニングテーブルではなくソファ席。つまみを食べ、食前酒を飲みながら、その日あったことから最近話題のニュースについてまで話をするうちに、アペロとはフランス人にとって、ゆったり寛ぎながら皆とコミュニケーションを取るための大切な場なのだな、と気がつきました。

　もちろん食事の間だって同じように話をしたりするわけですが、アペロのほうがもう少しカジュアルで自由がある感覚です。例えば人とより親しくなろうとする場合、日本では「ご飯でも行きましょう」と言うと思いますが、フランスでは「アペロしましょう」のほうが断然多いです。

　カフェでワインをオーダーすると、オリーブやチップス、ナッツなどのつまみがついてくるので、それだけで「アペロ」が完成します。そのまま1杯だけでずっと話してもいいし、次のグラスをオーダーしてもいい。話が弾んで「ちょっと小腹が空いてきた」なんて場合は、シャルキュトリーなどをつまみつつ長居したりもできます。コースで出てくる食事とは違い、縛られないところがいいのだろうなと思います。

　ちなみに最近では、アペロ・ディナトワールというスタイルも多いです。これは、アペロのおつまみを多めに用意して、そのままアペロ兼夕食にしてしまうというもの。アペロ＋正式なディナー（3皿にチーズ、デザートまで）よりもカジュアルで気楽だし、家主もお料理を頑張らなくて済む、ということで人気が高まっているそう。

　と、こんなにアペロの楽しさを語っておきながら、実はまだ一度も我が家でアペロをしたことがないのです。理由は、夫がほぼお酒を飲まないので、食前酒をいろいろ揃えても、結局私一人で飲むことになっちゃうから……。でもアペロは、酒呑みの夢であり、至福の時。いつかは、自家製の各種フルーツ酒とおつまみをあれこれ揃えた楽しいアペロを我が家で開催したいなあと思い、その機会を虎視眈々と狙っているところです。

濃厚な赤ワインに合わせるべく用意された、美味しそうなシャルキュトリーの数々！

フレンチレストランの選び方、
私の場合

　フランス、特にパリには星の数ほどレストランがあるので、どのお店に行くかを決めるのは楽しい反面、なかなか難しい悩みでもあります。

　一口にフランス料理と言っても、クラシックな正統派からヌーヴェルキュイジーヌと言われる現代風フレンチもあり、好みも分かれます。私はこってりした昔ながらのフレンチがあまり好きでないということもあり、人から要望がない限りはヌーヴェルキュイジーヌを選ぶことがほとんどです。

　そんな私が一番頼りにしているのが、Foodingというフードガイド。コンセプトは「フランス映画のヌーヴェルヴァーグのようなもの。伝統的な決まりや慣習に縛られることなく、"今の味"にスポットを当てる」だそうで、新規オープンしたレストランの情報が早いのがお気に入り。そしてピックアップされているお店はあまりハズレがない点でも安心です。

　このFoodingのサイトは検索機能もあるので、自分が行きたいエリア、例えばパリ10区ならば"Paris 10"と入れると、いろいろな候補が表示されます。ただこのサイトは文字がメインで、写真は1枚だけ。お店の様子やどんなお料理なのかがわからないことが多いので、本文を読んでよさそうと思ったお店は、さらに店名でGoogle検索します。

　Googleにも店舗評価がありますが、これは軽く参考にする程度。というのも、知っている限りGoogleの評価はかなり甘くて、このお店がこの高評価!?　ということも多いのです。なのでこちらで重視するのは写真。インテリアや、お料理の写真を見て、自分の好みに合いそうかを判断します。

　では私の好みはどんなものかというと、先に挙げたように、あまりこってりしていないフレンチなのですが、その延長とも言えるような、今パリで人気のスタイル、タパスも大好き。フランス料理はコースが基本ですが、タパスは小皿料理

左｜しゅっとした身なりのギャルソンがサーブするレストランは、それだけでもはや尊い気分になれます。**右頁・左**｜フランスでぜひ味わってほしいのが、日本のサシ文化とはまた違う、赤身のお肉。ぎゅっと濃縮されたお肉本来の味が堪能できます。

なので、小ポーションで好きなものを好きな数だけ頼めます。日本から来る人は少食な場合も多いので、コース料理は辛い……という人をお連れすることもよくあります。何より、いろんなものをちょっとずつつまめるのが日本人的には嬉しい限り。

　そして、いわゆる有名ガイドブックであるミシュランはあまり参考にしていません。というのも、Foodingのように新しいお店がタイムリーに掲載されるわけでもないですし、星付きレストランはそうそう行く機会がないからです。

　フランスに住む前は、三つ星レストランとはさぞかし素晴らしいのだろうと思い、頑張って行ったこともあります。でも、記憶に残っているのは、「あのお料理美味しかったなあ！」という思い出ではなく、「ものすごく高かったな」とか「お腹が苦しすぎて、最後は辛かった」といったことばかりで……。

　フランスに来て1年目の語学学校では、とても尊敬できる先生に出会いました。もうすぐ定年を迎えるというその先生の発言で、そうなんだ！　と驚いたのが「人生で一度も三つ星レストランには行ったことがない」。第1章で書いたように、一般的なフランス人はむやみにブランド製品を買ったりしないので、三つ星レス

トランに行くというのも、同じような感覚で「自分には必要なし」と捉えられていたのかもしれません。

　そんな話を聞いてからは私も、三つ星レストランに行けば、素晴らしい料理とサービスが待っているのだろうとわかっていても、無理して行くことがなくなったのです。もちろんこれは、あくまでも私個人の考えなので、自分は楽しめるわ、という方はぜひぜひ行ってほしいですし、私も気負いなく三つ星レストランに行ける日がいつか来たらいいな〜とは思いますが。

　ちなみに三つ星は行きませんが、「せっかくのパリだから、星付きレストランに行ってみたい」という友人には、最近一つ星を取ったレストランをおすすめすることが多いです。以前は星付きというと、ピシッとアイロンをかけられたテーブルクロスやナプキンで整えられたテーブルに、サービスも完璧、というイメージでした。でも最近の一つ星店は、気負いなく楽しめるカジュアルなお店も増えてきています。結局のところ、私は寛げて美味しく楽しく過ごせるお店が好きなのです。

日本で渡すと喜ばれる
美味しいフランス土産 BEST 5

日本に帰国するたびにパリからお土産を持ち帰りますが、毎回皆に喜んでもらえているな〜と感じるのは、ズバリこちら！ ちなみに第1章でご紹介したモノプリの品も人気ですのでご参照ください。

No.1
バター
Beurre

誰もが認めるフランスの美味しいものであるバターは、やはりお土産人気ナンバーワン。買ってきてとお願いされる度合いでも1位です。定番のエシレ、高級バターのベイユヴェール(Beillevaire)のものは間違いないので安心。

No.2
ジュリアン・デシュノの
チョコレート
Julien Dechenaud

No.3

チーズ
Fromage

P170でも触れた、私の大好きなショコラティエのチョコレート。ガナッシュの箱詰めなどが見栄えしますが、ベストセラーであるノワゼットバーは本当に美味しいので、ぜひ自分用お土産に！
https://www.juliendechenaud.com

バターと同じくらい「買ってきて」と頼まれがちなのがチーズ。万人受けするのはコンテ。シェーブルも少しドライなものなら持ち帰りやすいです。秋〜冬はトリュフが加わったモンドールやブリーが喜ばれます。

No.4
シャンパン
Champagne

No.5
ミッシェル・エ・オーギュスタンの
プチ・ブール
Michel & Augustin
Petits beurre

フランス人の友人曰くシャンパンは「発泡酒なので瓶もワインより厚く、しっかり栓がされているので実は旅向き」なアイテムなのだそう。ルイナールなどの高級品は日本より安く手に入れられて、喜ばれる度大です。

コンテ、ロックフォール、オッソ・イラティなど、各種チーズ味が選べるフランスらしさ爆発のバタークッキー。友達から「ワインのつまみに最高だからまた買ってきて！」と頼まれる品です。ちょいジャンクな味もまたよし。

友達が来たら連れていきたい
パリのフレンチレストラン BEST 5

美味しいものだらけのパリ。好きな店を絞るのは困難で……私の行きつけだけを集めたリストとなったため日本人シェフのお店が多めではありますが、どこも絶対満足行くお店だと思います！

No.1 ビストロ エス
Bistro S（12区）

自宅から近いということもあり、多分パリのレストランの中でも一番足を運んでいるのがこちら。日本人シェフ大家さんのお料理は毎回「わあ！」と声を上げたくなる意外性があります。ゆったり広々した空間も魅力です。
https://www.bistros.fr

No.2

レストラン・メンサエ
Restaurant Mensae（19区）

友人でもある金谷シェフが新しく就任したお店。以前のお店の頃からそうですが、金谷シェフのお料理は何を食べても抜群の安定感のある美味しさなのです。カジュアルなエリアにあり、観光客に囲まれないのもまたよし。
https://www.mensae-restaurant.com

No.3

ル・ジャンティ
Le Gentil（7区）

熊谷シェフと奥様の彩さんの二人三脚で営む可愛らしいお店。美味しくてボリュームもあるお料理は、夫も毎回大絶賛。人気店ゆえ予約は必須ですが、電話でも日本語対応してもらえるのが日本人的にはありがたい限り。
https://www.facebook.com/LeGentil75007

No.4

ル・グラン・バン
Le Grand Bain
（20区）

大流行のタパス料理店の中でも一番好きなのがこちら。4年以上通っているけれど、味はもちろん雰囲気も最高。程よく手の込んだ小皿料理は常に美味しくて、知名度が上がろうとローカル人気が衰えないのもうなずけます。
https://www.legrandbainparis.com/en

Photo: Young-Ah Kim

No.5

キ・プリュム・ラ・リュンヌ
Qui Plume la Lune
（11区）

ミシュラン星付きレストランにはそうそう行かないですが、記念日的な時に伺って感激したのがこちら。小皿料理がいくつも出てくるので、いろいろ食べられて満足、でも苦しくならない絶妙なボリューム感も素晴らしいです。
http://quiplumelalune.fr

あとがきにかえて

乙女おじさんとの暮らし

　乙女おじさんとは、夫（YouTube内ではツーさんと呼ばれています）
に私が付けたあだ名です。

　YouTubeを観てくださっている方はよくご存じかと思いますが、その
理由は彼が、私のお買い物に同行する際も一緒にキャッキャと楽しめるう
え、何なら私よりもガーリーなアイテムを「これ可愛いね」と言ったりし
ちゃう、乙女チックな趣味嗜好があるから。

　とはいえ性格が乙女なわけではありません。それどころか亭主関白に憧
れがあり、偉そうなことをすぐ言いたくなるタイプ。「口から生まれたよ
うだ」と人から言われるくらいによく喋り、態度が大きいので、本当は
170cmなのに「えっ、身長180cmくらいあると思ってた」と驚かれたり
します。

　対して私も、負けん気が強く我も強いので、しょっちゅう言い争いや喧
嘩が絶えません。我が家の猫たちがもし喋れたとしたら「今日も本当に大

変だったニャ〜」などと方々に告げ口されること間違いなしです。

　喧嘩中は「このヤロー！」としか思えないツーさんですが、それでも毎回「やっぱり謝るか……」と自分に言い聞かせられるのは、彼の思いやり度は類を見ないものだから。

　そもそも結婚を決めたのも、私は1年更新のビザなのに対し、彼はほぼ永住権に近いビザを持っているので、家族ビザに変更することで私のフランス滞在身分を安定させようと考えてくれたことがきっかけ。大の犬派なのに、私が猫好きなのを知って「猫を飼おう」と言い出したり、腰痛持ちの私を見かねて整体に同行、家でできるケアを先生に教えてもらい毎晩マッサージをしてくれたりするような人は、この世にそんなに多くはないのではと思います。

　フランス語が得意ではなく仕事に困っている様子を見て、嫌がる私に毎日"朝会議"と称して新しい仕事を一緒に模索し、YouTubeで発信することを後押ししてくれたのも、ツーさん。そしてYouTubeチャンネルを始めると言っても、撮影のことなんてさっぱりわからない私のかわりに、本業であるフォトグラファー＆ビデオグラファーのスキルを駆使して動画撮影から編集、サムネイルの写真撮影まですべてをこなし、合間には私を叱咤激励し続けて今現在のチャンネル内容にまで引き上げたのも、やっぱりツーさんでした。

　あれ。こう書いていたら私、喧嘩をするどころか、ツーさんに一生頭が上がらない気がしてきました……。

もはや半分フランス人のように「まみこはえらいねえ」「美味しいご飯をありがとね」と臆することなく言えるツーさんと違い、昭和の女度満点の私は普段なかなか素直に言えないけれど、感謝しているのです。いつも私のことを考え、気遣ってくれてありがとう。ツーさんのおかげで、「もの書きの端くれとして、いつか自分の本が出したい」という夢を叶えることができました。フランスにやってきて、ツーさんに出会えた私はとても幸運です。

　幸運と言えば、長年の親友である松﨑育子さんがこの本の編集担当になってくれたこともそう。自分ではどう考えてもできなかったほど素敵な内容に仕上がったのは、彼女が情熱を持って本をまとめあげてくれたおかげです。

　ブックデザインでも私はラッキーでした。「ぜひこの人でお願いしたい！」とアタックした鳥沢智沙さんが、実は我が家のYouTubeチャンネルを普段から観てくださっていた方で、私の思い描く通りの美しい色彩の本に仕上げてくださることになるなんて、当初は思ってもいませんでした。

　YouTubeをやってみなよ！ と背中を押して励まし続けてくれた友人たち、いつも応援してくれる私とツーさんの家族も、本当にありがとう。

　最後に、この本を手に取り、読んで下さったあなたにも心からの感謝を。

井筒麻三子　Mamiko Izutsu

エッセイスト、ライター。米ボストン大学大学院修了後、婦人画報社（現ハースト婦人画報社）に入社。『25ans』等の編集者として7年勤めたのち退職し、フリーランスに。ビューティ エディター＆ライターとして活動する傍ら、文藝春秋『クレア・トラベラー』編集部にも5年在籍し、旅取材などを担当。2014年よりフランス在住。日本語・英語・仏語の3ヵ国語に通じており、著名人インタビューやパリ、フランスのニュース取材などを数多く手がける。2020年より、パリでの日々の暮らしや蚤の市での買い物、レシピなどを紹介するYouTubeチャンネル『GOROGORO KITCHEN』をMamikoとして、フォトグラファーである夫Yas（愛称ツーさん）と共にスタート。2023年3月現在で、35万人の登録者を誇る人気チャンネルとなっている。
Instagram: @mamigorota

GOROGORO KITCHEN
ゴ　ロ　ゴ　ロ　　キッチン

心満たされるパリの暮らし
こころ み

2023年4月12日　第1刷発行
2024年8月 5 日　第6刷発行

著者　　井筒麻三子
い づ つ ま み こ
© Mamiko Izutsu 2023, Printed in Japan

写真　　Yas

装丁　　鳥沢智沙 (sunshine bird graphic)

発行者　鈴木章一
発行所　株式会社　講談社
　　　　〒112-8001　東京都文京区音羽2-12-21
　　　　編集　03-5395-3814
　　　　販売　03-5395-3606
　　　　業務　03-5395-3615

印刷所　大日本印刷株式会社
製本所　大口製本印刷株式会社

KODANSHA

ISBN 978-4-06-531282-7